Auf der Universität Lore

Theodor Storm

Alpha Editions

This edition published in 2022

ISBN : 9789356903371

Design and Setting By
Alpha Editions
www.alphaedis.com
Email - info@alphaedis.com

Auf der Universität Lore

Theodor Storm

Ich hatte keine Schwester, welche mir den Verkehr mit Mädchen meines Alters hätte vermitteln können; aber ich ging in die Tanzschule. Sie wurde zweimal wöchentlich im Saale des städtischen Rathauses gehalten, welches zugleich die Wohnung des Bürgermeisters bildete. Mit dessen Sohn, meinem treuesten Kameraden, waren wir acht Tänzer, sämtlich Sekundaner der Lateinischen Schule unsrer Vaterstadt. Nur in betreff der Tänzerinnen hatte sich anfänglich eine scheinbar unüberwindliche Schwierigkeit herausgestellt; die achte standesmäßige Dame war nicht zu beschaffen gewesen.

Allein Fritz Bürgermeister wußte Rat. Eine frühere bei allen Festschmäusen von der Frau Bürgermeisterin noch immer zugezogene Köchin seiner Eltern war an einen Flickschneider verheiratet, einen gelben hagern Menschen mit französischem Namen, der lieber im Wirtshaus das große Wort, als auf seinem Schneidertisch die Nadel führte. Die Leute wohnten am Ende der Stadt, dort, wo die Straße dem Schloßgarten gegenüberliegt. Das schmale Häuschen mit der großen Linde davor, welche das einzige neben der Tür befindliche Fenster fast ganz beschattete, war uns wohlbekannt; wir waren oft daran vorübergegangen, um einen Blick des hübschen Mädchens zu erhaschen, das hinter den Reseda- und Geranientöpfen an einer Näharbeit zu sitzen pflegte und in unsern Knabenphantasien eine nicht unbedeutende Rolle spielte. Es war das einzige Kind des französischen Schneiders, ein dreizehnjähriges zierliches Mädchen, das auch in der Kleidung, trotz der geringen Mittel, von der Mutter in großer Sauberkeit gehalten wurde. Die bräunliche Hautfarbe und die großen dunkeln Augen bekundeten die fremdländische Abkunft ihres Vaters; und ich entsinne mich noch, daß sie ihr schwarzes Haar sehr tief und schlicht an den Schläfen herabgestrichen trug, was dem ohnehin kleinen Kopfe ein besonders feines Aussehen gab. Fritz und ich waren uns bald miteinander einig, daß Leonore Beauregard die achte Dame werden müsse. Zwar hatten wir mit Hindernissen zu kämpfen; denn die übrigen kleinen Fräulein und "gnädigen" Fräulein wurden sehr seriös und einsilbig, als wir unsern Vorschlag mitzuteilen wagten; allein die Künste ihres Lieblingssohnes hatten die Bürgermeisterin auf unsre Seite gebracht, und vor dem heitern und resoluten Wesen dieser wackern Frau vermochten weder die gerümpften Näschen der kleinen Damen, noch, was gefährlicher war, die bestimmten Einwände ihrer Mütter standzuhalten.

So waren wir denn eines Nachmittags unterwegs nach dem Häuschen des französischen Schneiders.—Sonst hatte ich oft wohl bedauert, daß meine

Kameradschaft mit dem Sohne unsers Haustischlers eingegangen war, dessen Schwester fast täglich mit der kleinen Beauregard verkehrte; ich hatte auch wohl daran gedacht, die Bekanntschaft wieder anzuknüpfen und mich in der Werkstatt seines Vaters in der Schreinerei unterweisen zu lassen; denn Christoph war im übrigen ein ehrlicher Junge und keineswegs auf den Kopf gefallen; nur daß er auf die Schüler der Gelehrtenschule, "die Lateiner", wie er mit einer unangenehmen Betonung sagte, einen wunderlichen Haß geworfen hatte; auch pflegte er sich unter Beihilfe gleichgesinnter Freunde auf dem Exerzierplatz von Zeit zu Zeit mit den Lateinern nach Leibeskräften durchzuprügeln, ohne daß jedoch durch diese Schlachten ein Ende des Krieges erzielt wäre.

Nun bedurfte ich jener Vermittlung nicht; denn schon waren wir vor dem Hause und schritten über die gelben Blätter der Linde, die der Novembersturm herabgefegt hatte, auf die niedrige Haustür zu. Bei dem Klingeln der Schelle kam uns Frau Beauregard aus der Küche entgegen, und nachdem sie sich sorgsam ihre Hände an der weißen Schürze abgetrocknet, wurden wir in das kleine Wohnstübchen genötigt.

Es war schwer, in dieser blonden untersetzten Frau die Mutter der zarten dunkeln Mädchengestalt zu erkennen, die jetzt bei unserm Eintritt von der Näharbeit aufsprang und sich dann mit einem Ausdruck zwischen Neugier und Verlegenheit an die Schatulle lehnte. Während Fritz unser Anliegen vorbrachte, überflog ein helles Rot ihr Gesichtchen, und ich sah, wie ihre Augen leuchteten und größer wurden; als aber die Mutter schwieg und nachdenklich den Kopf schüttelte, stahl sie sich leise hinter ihrem Rücken fort und verschwand durch eine anscheinend in die Schlafkammer führende Tür. —Ich warf einen Blick nach dem Tische, vor dem sie bei unserm Eintritt gesessen hatte. Zwischen Bändern und anderm Mädchenkram standen ein Paar schmale Lastingschühchen, fertig bis auf die Einfassung, womit, wie es schien, das Mädchen sich soeben noch beschäftigt hatte. Die Dinger waren beunruhigend klein, und meine Knabenphantasie ließ nicht nach, sich die Füßchen vorzustellen, die mutmaßlich dahinein gehörten; mir war, als säh ich sie schon im Tanze um die meinen herumwechseln, ich hatte sie bitten mögen, nur einen Augenblick standzuhalten; aber sie waren da und waren wieder fort und neckten mich unaufhörlich.

Während dieser visionären Träumerei hatte die Frau Beauregard mit meinem Freunde, dem ich, wie billig, das Wort überlassen mußte, Gründe und Gegengründe auszutauschen begonnen, bis sich die Sache, nachdem auch der Name der Bürgermeisterin in die Waagschale gelegt war, mehr und mehr zu unsern Gunsten neigte.

"Und da stehen ja schon die Tanzschuhe!" sagte Fritz. "Ist Herr Beauregard denn auch ein Schuhmacher?"

Die Frau schüttelte den Kopf. "Sie wissen ja wohl, Fritz, daß er, leider Gottes, ein Tausendkünstler ist! Er mußte Ihnen doch auch Ihre Taschenuhr im Frühjahr reparieren!—Die Schühchen hat der dem Kinde auf Weihnachten schon im voraus gemacht."

"Nun, Margret, und meine Mutter hat einen ganzen Koffer voll schöner alter Kleider; da könnt Ihr neue daraus schneidern für die Lore; es reicht jedes wenigstens ein vierteldutzendmal für sie."

Die Alte lächelte; aber sie wurde wieder ernst. "Ich weiß nicht", sagte sie, "es sollte nicht sein; aber wenn die Frau Bürgermeisterin es meint!"

Das Mädchen war indessen wieder eingetreten und hatte sich neben die Mutter gestellt. Es entging mir nicht, daß sie ein weißes Krägelchen umgetan hatte; auch meinte ich, die Ohrringe mit den roten Korallenknöpfchen vorhin nicht an ihr gesehen zu haben.

"Was meinst du, Lore?" sagte Fritz, während die Mutter noch immer nachdenklich und unschlüssig dreinsah, "hast du Lust, mit uns zu tanzen?"

Sie antwortete nicht; aber sie faßte die Mutter mit beiden Händen um den Hals und flüsterte ihr zu, während ihr Antlitz mit immer tieferm Rot überzogen wurde.

"Fritz", sagte die Alte, indem sie sich sanft des ungestümen Mädchens erwehrte, "ich wollte, Sie hätten mir die Geschichte erst allein erzählt; es wäre dann nichts daraus geworden. So habt ihr mir nun einmal das Mädel auf den Hals gehetzt; ich weiß es schon, sie läßt mir keine Ruh!"—

Wir hatten also gesiegt. "Mittwoch abend um sieben Uhr!" rief Fritz noch im Fortgehen; dann traten wir, von Mutter und Tochter zur Tür begleitet, aus dem Hause.—Als wir uns nach einer Weile umblickten, stand nur noch unsre junge Freundin da; sie nickte uns ein paarmal zu und lief dann rasch ins Haus zurück.

Am Tage darauf war, wie mir Fritz vertraute, die Frau Beauregard bei seiner Mutter gewesen, hatte mit ihr eine geraume Zeit in der Kleiderkammer gekramt und dann mit einem wohlgefüllten Päckchen das Haus verlassen.

Am Mittwochabend war die Tanzstunde. Ich hatte mir die lackierten Schuhe mit Stahlschnallen und die neue Jacke erst im letzten Augenblick von Schuster und Schneider herausgepocht und fand schon alles versammelt, als ich in den Saal trat. Meine Kameraden standen am Fenster um den alten Tanzmeister, der mit den Fingern auf seiner Geige klimperte und dabei die Wünsche seiner jungen Scholaren entgegennahm. Unsre Tänzerinnen gingen in Gruppen, die Arme ineinander verschränkt, im Saale auf und ab.

Leonore war nicht unter ihnen; sie stand allein unweit der Tür und blickte finster zu den lebhaft plaudernden Mädchen hinüber, die sich so frei und unbehindert in dem fremden vornehmen Hause zu fühlen schienen und sich so gar nicht um sie kümmerten.

Nichts ist selbstsüchtiger und erbarmungsloser als die Jugend. Aber gleich nach mir war die Bürgermeisterin eingetreten. Nachdem sie die junge Gesellschaft begrüßt und, wie Fritz sich ausdrückte, einen ihrer Generalsblicke im Saal umhergeworfen hatte, schritt sie auf Lore zu und nahm sie bei der Hand. "Damit die Pärchen zueinander passen!" sagte sie zu dem Tanzmeister. "Rangieren Sie einmal die Kavaliere!"—Dann, während dieser ihrem Auftrag Folge leistete, wandte sie sich zu den Mädchen und begann mit ihnen dieselbe Prozedur. Die blonde Postmeistertochter war die längste, fast um einen Kopf höher als alle übrigen. Sie wurde uns gegenüber an der Wand aufgestellt; dann nicht war die Sache zweifelhaft. "Ich weiß nicht, Charlott'", sagte die Bürgermeisterin, "du oder Lore! Ihr scheint mir ziemlich egal zu sein!"

Die Angeredete, die Tochter des Kammerherrn und Amtmanns, retirierte einen Schritt. "Mamsell Lore wird wohl die größere sein", sagte sie leichthin.

"Ei was, kleine Gnädige", rief die Mutter meines Freundes, "komm nur heraus aus deiner Ecke und miß dich einmal mit der Mamsell Lore!"

Und die kleine Dame mußte hervor und sich dos-à-dos mit der Schneidertochter messen; aber—ich hatte ein scharfes Auge darauf—sie wußte es dennoch so zu machen, daß sie den dunkeln Kopf der Handwerkertochter mit dem ihrigen kaum berührte.

Das junge Fräulein war in lichte Farben gekleidet; Lenore trug ein schwarz und rot gestreiftes Wollenkleid, um den Hals einen weißen Florschal. Die Kleidung war fast zu dunkel; sie sah fremdartig aus; aber es stand ihr gut.

Die Bürgermeisterin musterte die beiden Mädchen. "Charlott'", sagte sie, "du bist sonst immer die Meisterin gewesen; nimm dich in acht, daß die dir nicht den Rang abläuft; sie sieht mir gerade danach aus."

Mir war, als säh ich bei diesen Worten die schwarzen Augen des Mädchens blitzen.

Nach einer Weile wurden die Paare formiert. Ich war der zweite in der Reihe der Knaben, und Lore wurde meine Dame. Sie lächelte, als sie ihre Hand in meine legte. "Wir wollen sie um und um tanzen!" sagte ich.—Und wir hielten Wort. Es sollte zunächst eine Mazurka eingeübt werden, und schon zu Ende dieser ersten Lehrstunde, da eine Tour nicht gehen wollte, klopfte unser alter Maestro mit dem Bogen auf den Geigendeckel: "Kleine Beauregard! Herr Philipp! Machen Sie einmal vor!" Und während er die Melodie zugleich geigte und sang, tanzten wir.—Es war keine Kunst, mit ihr zu tanzen, ich glaube, es hätte niemandem mißglücken können; aber der alte Herr rief ein begeistertes "Bravo!" nach dem andern, und die wackere Frau Bürgermeisterin lehnte sich vor Behagen lächelnd weit zurück in ihrem Sofa, wo sie seit Beginn des Unterrichts als aufmerksame Zuschauerin Platz genommen hatte.

Fräulein Charlotte war meinem Freunde Fritz als Partnerin zugefallen, und ihr lebhaftes Wesen schien, wie ich gern bemerkte, ihn bald seine anfängliche Begeisterung für die Schneidertochter vergessen zu machen. Da ich die letztere aber jetzt gewissermaßen als mein Eigentum betrachtete, so war ich eifersüchtig auf die Schönheit und Eleganz meiner Dame, und ein verweilender Blick ihrer tadellos gekleideten Nebenbuhlerin, dem meine Augen gefolgt waren, hatte mich belehrt, daß die Beschützerin des schönen Mädchens dennoch eines nicht genügend bedacht hatte. Die Handschuhe waren zu groß für diese schmalen Hände; sie waren offenbar auch schon gewaschen.

Am andern Morgen, sobald ich aus der Klasse kam, ließ es mir keine Ruhe mehr. Ich machte mich über den Schrank, worin meine blecherne Sparbüchse aufbewahrt wurde, und grub und schüttelte so lange, bis ich aus dem Spalt einen harten Taler neben der roten Tuchzunge hervorgearbeitet hatte. Dann rannte ich in einen Kaufladen.— "Ich wollte kleine Handschuhe!" sagte ich nicht ohne Beklommenheit.

Der Ladendiener warf einen sachverständigen Blick auf meine Hand. "Nummer sechs!" meinte er, während er die Handschuhschachtel auf den Tisch stellte. "Geben Sie mir Nummer fünf!" bemerkte ich kleinlaut.

"Nummer fünf?—Wird wohl nicht passen!" und er machte Anstalt, die Handschuhe über meine Hand zu spannen.

Es stieg mir siedend heiß ins Gesicht. "Sie sollen nicht für mich!" sagte ich und bedauerte mehr als jemals den Mangel einer Schwester, auf die ich den Handel hätte bringen können. Aber ich war entzückt von den kleinen Handschuhen mit den weißen seidenen Bändchen, die nun vor mir ausgebreitet lagen. Ich kaufte zwei Paar, und bald nachdem ich den Laden verlassen, hatte ich einen Jungen von der Straße aufgefischt. "Bring das an die Lore Beauregard", sagte ich, "einen Gruß von der Frau Bürgermeisterin, hier wären die Handschuhe für die Tanzstunde! Und dann bring mir Bescheid; ich warte hier an der Ecke auf dich."

Nach zehn Minuten war der Junge wieder da.

"Nun?"

"Ich hab' sie der Alten gegeben."

"Was sagte die Alte?"

"Es wäre zuviel; die Frau Bürgermeisterin hätte diesen Morgen ja schon ein Paar geschickt."

Gut! dachte ich; so merkt sie nichts.

In der nächsten Tanzstunde trug Lore die neuen Handschuhe; ich weiß nicht, ob die meinen oder die von der Bürgermeisterin; aber sie lagen wie angegossen um das schlanke Handgelenk; und nun sah keine vornehmer aus als Lore in ihrem dunkeln Kleide.

Die Lehrstunden gingen nun ihren ebenen Lauf. Nachdem die Mazurka eingeübt war, kam ein Kontertanz an die Reihe, in welchem Fritz und Lore zusammen tanzten.—Ein Verhältnis dieser zu den andern Mädchen wollte sich indessen nicht herausstellen, nur mit der langen Jenni, welche die älteste und, wie ich glaube, die klügste von ihnen war, sah ich sie ein paarmal im Gespräch zusammensitzen; auch auf dem Heimwege, der beiden bis auf eine kleine Strecke gemeinschaftlich war, legte Jenni wohl einmal ihren Arm auf den der Schneidertochter. Sonst stand diese zwischen dem Tanzen meist allein, wenn nicht der alte Lehrer mit seiner Geige einmal zu ihr trat und ihr einen oder andern Ballettsprung aus den Zeiten seiner Jugend vormachte, um seinen Liebling in die äußersten Feinheiten der Kunst einzuweihen. Oft habe ich verstohlen zu ihr hinübergeblickt, wie sie scheinbar teilnahmslos dem alten Mann zuhörte, nur mitunter die schwarzen Augen zu ihm aufschlagend oder still und wie nur andeutungsweise eine seiner künstlichen Figuren nachmachend. Aber wenn wir angetreten waren und der Maestro seine Geige zu streichen begann, wurde es anders. Zwar schien sie an nichts weniger zu denken als an die Tritte und Wendungen des Tanzes, es war fast, als blickten ihre Augen in entlegene Fernen; aber während ihre Gedanken weit entrückt schienen, lächelte ihr Mund, und ihre kleinen Füße streiften lautlos und spielend über den Boden. —"Lore, wo bist du?" fragte ich dann wohl, während ich ihr in der Tour die Hand reichte.—"Ich?" rief sie und strich, wie aus Träumen auffahrend, ihr schwarzes Haar zurück, während die Wendung des Tanzes sie mir schon wieder entführt hatte.—Noch jetzt, wenn ich die spanische Tanzweise in Silchers ausländischen Volksmelodien höre, kann ich immer nur an sie denken.

Einigermaßen hinderlich—ich will es nicht leugnen—war es mir, daß seit den Tanzstunden der französische Schneider mich mit einer auffälligen Gunst beehrte. Wo er mir nur begegnete, auf Straßen oder Spazierwegen, suchte er mich zu stellen und ein möglichst lautes und langes Gespräch mit mir anzuknüpfen. Schon das erstemal erzählte er mir, daß sein Großvater unter Louis seize Ofenheizer in den Tuilerien gewesen war.

"Ja, Monsieur Philipp" sagte er mit einem Seufzer und präsentierte mir seine porzellanene Schnupftabaksdose, "so kann eine Familie herunterkommen!—Aber meine Lore—Sie verstehen mich, Monsieur Philipp!"—Er zog ein buntgewürfeltes Schnupftuch aus der Tasche und trocknete sich die kleinen schwarzen Augen. "Was wollen Sie! Ich bin ein armer Kerl, aber das Kind—sie ist mein Bijou, der Abgott meines Herzens!" Und dabei blinzelte er und warf mir einen so väterlichen Blick zu, als gedenke er auch mich in die heruntergekommene Familie aufzunehmen.

Mittlerweile kam die letzte Tanzstunde heran, die zu einem kleinen Ball erweitert werden sollte. Die Eltern waren eingeladen, um uns tanzen zu sehen; von den meinigen hatte indessen nur meine Mutter zugesagt, mein Vater wurde durch seinen Beruf als Arzt und Bezirksphysikus von jeder Geselligkeit ferngehalten. Da meine Ungeduld, sobald der Abend anbrach, mir keine Ruhe ließ, so trat ich schon vor der angesetzten Stunde in den Saal, in welchem heute auf den Wandleuchtern und in den Glaskronen alle Kerzen brannten. Als ich mich umblickte, bemerkte ich Lore ganz allein mit dem Rücken gegen mich an einem Fenster stehend. Bei dem Geräusch der zufallenden Tür schrak sie sichtlich zusammen, während sie mit Hast bemüht schien, einen goldenen Schmuck von ihrer Hand zu streifen. Als ich zu ihr getreten, sah ich, daß es ein Armband war, dessen Schloß sie vergeblich zu öffnen sich bemühte.

"So laß es doch sitzen, Lore!" sagte ich.

"Es gehört nicht mein!" antwortete sie verlegen, "Jenni hat es hier vergessen."

Die feine Blumenrosette von mattem venezianischem Golde lag so schimmernd auf dem braunen schlanken Handgelenk.

"Es sollte bleiben, wo es ist", sagte ich leise.

Lore schüttelte traurig den Kopf, und ihre Finger begannen aufs neue an dem Schloß zu nesteln.

"Komm", sagte ich, "es geht ja nicht; ich will dir helfen!"—Ich fühlte die leichte Last ihrer schmalen Hand in der meinen; ich zögerte, meine Augen waren wie verzaubert.

"Oh, bitte, geschwind!" bat sie. Mit niedergeschlagenen Augen, wie mit Blut übergossen stand das Mädchen vor mir.

Endlich sprang das Schloß auf, und Lore legte den goldenen Schmuck schweigend zwischen die Blumentöpfe auf die Fensterbank.

Gleich darauf füllte sich der Saal. Auch Frau Beauregard hatte es sich nicht nehmen lassen, wenigstens als Aufwärterin an dem Ehrenfeste ihres Kindes teilzunehmen. In einer frisch gestärkten Haube, bald mit Kuchenkörben, bald mit einem großen Präsentierteller beladen, ging sie zwischen den Gästen ab und zu.—Endlich begannen die Musikanten anzustreichen, deren heute vier an einem Tische saßen. Der alte Tanzmeister klopfte auf den Geigendeckel, und Lore reichte mir die Hand zur Mazurka.—Und, oh, wie tanzten wir! Wie sicher lag sie in meinem Arm, mit welcher Verachtung stampften die kleinen Füße den Boden! Auch mich riß es hin, als wenn ich von den Rhythmen der Musik getragen würde. Es war wie eine schmerzliche Leidenschaft; denn wir tanzten heute, vielleicht auf immer, zum letztenmal zusammen.

Erst jetzt hatte ich bemerkt, daß Lore ein Kleid von leichtem hellgeblümtem Wollstoff trug. Es war wie das vorige augenscheinlich aus der Garderobe ihrer Gönnerin hervorgegangen; denn auf der breiten Brust und bei den etwas kupferigen Wangen der Frau Bürgermeisterin hatten diese farbigen Rosenbuketten im letzten Winter eine Art von komischer Berühmtheit erlangt; nun aber kam das zarte Muster zu seiner Geltung; dem frischen braunen Mädchenantlitz stand es wunderhübsch.

Die Mazurka war getanzt; Lore ließ wieder ihr dunkles Köpfchen und die schlanken Arme sinken, und ich führte sie an ihren Platz.— Fritz und Charlotte, die ebenfalls abgetreten waren, saßen dicht daneben. In demselben Augenblick kam auch Frau Beauregard mit Tee und Kuchen; sie sprach nicht zu ihrer Tochter, sie warf nur einen lächelnden stolzen Blick auf sie, als sie nach der vornehmen Dame auch ihr präsentieren durfte. Die kleine Gnädige hatte schon eine Weile beide mit der ihr eigentümlichen Lässigkeit gemustert. "Ihre Tochter ist ja heute sehr schön, Frau Beauregard!" sagte sie, während sie den Zucker in die Tasse fallen ließ.

Die geschmeichelte Frau neigte sich verbindlich. "Gnädiges Fräulein, Frau Bürgermeisterin haben auch ausgeholfen."

"Ach!—Darum auch!—Die Rosenbuketts!"—Und sie ließ einen langen Blick über Lenore hingleiten. Diese wollte ihr erwidern, aber ihre Augen verdunkelten sich; ich sah, wie ein paar Tränen ihr über die Wangen herabfielen.

Charlotte schien das nicht zu bemerken; ihre Aufmerksamkeit hatte sich nach der offenstehenden Tür gerichtet, wo ich zu meinem Schrecken unter den Köpfen der zuschauenden Dienstboten das gelbe Gesicht des französischen Schneiders auftauchen sah. Er schien ganz à son aise, drehte die Porzellandose in der Hand und blickte mit seinen schwarzen Augen freudestrahlend in den Saal hinein.

"Ist das Ihr Vater, Mamsell Lore?" fragte Charlotte, indem sie mit dem Finger nach der Tür wies.

Lenore blickte hin und fuhr zusammen. "Mutter!" rief sie und faßte wie unwillkürlich den Arm der noch vor uns beschäftigten Frau.

Frau Beauregard, als nun auch sie ihren lebhaft gestikulierenden Eheherrn bemerkte, schien von dessen Anwesenheit keineswegs erbaut; aber sie nahm sich zusammen. "Er kommt aus der Herberge", sagte sie, "er will dich einmal tanzen sehen."

Während Lore, der ich unwillkürlich folgte, sich der Tür genähert hatte, war schon der Bürgermeister zu ihrem Vater getreten und lud ihn ein, sich ein Glas Punsch im Saal gefallen zu lassen. Aber der Schneider war nicht zu bewegen. "Submissester Serviteur, Herr Bürgermeister!" sagte er, indem er mit einem Katzenbuckel noch einen Schritt weiter retirierte. "Wenn ich mein Großvater vom Hofe Ludwigs des Sechzehnten wäre!—So aber kenne ich meine Stellung."

Als der Bürgermeister weggegangen, brachte Fritz ihm ein Glas an die Tür. "Wohl bekomm's, Meister!" sagte er gutmütig. "Jetzt werd ich mit der Lore tanzen! Die versteht's."

Aber in demselben Augenblick war auch der Schwarm der andern Knaben mit vollen Gläsern in der Hand herangekommen. Sie stießen mit ihm an, machten ihm seinen Katzenbuckel nach, den er ihnen jedesmal beim Anklingen zum besten gab, und ergingen sich in allerlei possenhaften Komplimenten.

Lore stand, ohne sich zu rühren, und ließ kein Auge von ihrem Vater; aber ich hörte, wie ihre kleinen Zähne aufeinanderknirschten.

Als die Musikanten wieder zu stimmen begannen, liefen die übrigen Knaben in den Saal zurück. Ich stand noch mit Lore an der Tür.

"Ah, Monsieur Philipp", rief der Schneider, während er mir die Hand reichte, "lauter liebe, scharmante junge Herren! Aber im Vertrauen— Sie und die Lore, Sie und die Lore, Monsieur Philipp!" Die kleinen schwarzen Augen richteten sich dabei mit bewundernder Zärtlichkeit auf das Antlitz seines Kindes; wie aus unwiderstehlichem Antrieb streckte er seinen langen Arm in den Saal hinein und zog sie an seine Brust. "Mein Kind, mon bijou!" flüsterte er. Und das Mädchen küßte ihn und warf ihre Arme mit leidenschaftlicher, schmerzlicher Zärtlichkeit um seinen Hals, während ihr feines Köpfchen an seiner Schulter ruhte. Dann aber machte sie sich los und faßte seine Hände und sprach leise und eindringlich zu ihm. Ich verstand ihre Worte nicht; aber ich sah ihre Augen bittend auf die seinen gerichtet und ihre kleine Hand, die mitunter, als wolle sie ihm ein Leid vergüten, zittern über seine hagern Wangen hinstrich. Zuerst schüttelte er lächelnd und wie ungläubig den Kopf; allmählich aber verschwand aus seinen Augen die freudestrahlende Sicherheit, womit er bisher seinen Platz behauptet hatte. "Ich weiß, ich weiß", murmelte er, "du liebst deinen armen alten Vater!" Und als nun die Musik zum Kontertanz begann, drückte er seiner Tochter die Hand und ging stumm und ohne auch nur einen Blick noch in den Saal hineinzuwerfen, den langen Hausflur hinab.

In diesem Augenblick kam Fritz und holte seine Dame.—Sie tanzte mit der gewohnten Sicherheit; nur war es nicht die sonstige sorglose Träumerei, als vielmehr eine graziöse Feierlichkeit, womit sie die Touren dieses Tanzes ausführte. Mitunter in den Pausen blickte sie wie versteinert vor sich hin, während sie mit beiden Händen ihr glänzend schwarzes Haar an den Schläfen zurückstrich. Die Scherze ihres Tänzers schienen ungehört ihrem Ohr vorbeizugehen.

Mit dem Kontertanz waren unsre einstudierten Tänze zu Ende; aber nicht unsre Tanzlust. Wir hatten noch Walzer, Schottisch und Galoppaden auf unserm Zettel; sogar einen Kotillon, wozu ich in Gedanken an Lore einen ausgesuchten Beitrag an Schleifen und frischen Blumen geliefert hatte.

Aber Lore war nicht mehr im Saal. Die andern Mädchen standen bei ihren Müttern und ließen sich von ihnen die verschobenen Schärpen und Haarbänder zurechtzupfen. Frau Beauregard kam eben mit neuen Erfrischungen zur Tür herein; sie hatte ihre Tochter nicht gesehen. Nun suchte ich Fritz. Er stand in der Ecke am Musikantentisch und füllte die leeren Gläser wieder. "Wo ist Lore?" fragte ich.

"Ich weiß nicht", erwiderte er verdrießlich; "sie war verdammt einsilbig, mir hat sie's nicht verraten."

Ich zog ihn mit auf den Flur hinaus. Als wir an die Kammer kamen, worin die Gesellschaft ihre Mäntel abgelegt hatte, trat sie uns entgegen; sie hatte ihr Mäntelchen umgetan und ihr schwarzes Seidenkäppchen auf dem Kopf. "Lore!" rief ich und suchte ihre Hand zu fassen; aber sie entzog sie mir und ging an uns vorbei.

"Laß!" sagte sie kurz. "Ich will nach Haus!"

Einen Augenblick später hatte sie die schwere, nach der Straße führende Tür aufgerissen und sprang draußen an dem Eisengeländer die Steintreppe hinab, und als auch Fritz neben mir draußen auf den Fliesen stand, war sie schon weit drunten in der Straße, daß wir in der Dunkelheit ihre leichte flüchtige Gestalt nur kaum noch zu erkennen vermochten.

"Laß sie!" sagte Fritz. "Oder hast du Lust auf die Wilde-Gans-Jagd?"

Ich hatte zwar die Lust; ich wußte aber nicht recht, wie und es mit Fug beginnen sollte.—So kehrten wir denn in den Saal zurück. Frau Beauregard ging nach ihrer Wohnung; aber sie kehrte unverichtetersache wieder. Der

Lore sei unwohl geworden, sagte sie; sie liege schon im Bett, der Vater sitze bei ihr.

Mir war nun der Rest des Abends verdorben; und als der Kotillon beginnen sollte, den ich mit Lore zu tanzen gedachte, schlich ich mich still und trübselig nach Hause.

Neujahr war vorüber. Schon längst hatte ich mit der glatten Stahlsohle meiner holländischen Schlittschuhe geliebäugelt, nicht ohne eine kleine Verachtung gegen meine Kameraden, welche sich noch der hergebrachten scharfkantigen Eisen zu bedienen pflegten. Aber erst jetzt war ein dauernder Frost eingetreten.

Es war an einem Sonntagnachmittage; über dem Mühlenteich, einem mittelgroßen Landsee unweit der Stadt, lag ein glänzender Eisspiegel. Die halbe Einwohnerschaft versammelte sich draußen in der frischen Winterluft; von alt und jung, auf zweien und auf einem Schlittschuh, sogar auf einem untergebundenen Kalbsknöchlein wurde die edle Kunst des Eislaufs geübt.—In der Nähe des Ufers waren Zelte aufgeschlagen, daneben auf dem Lande über flackerndem Feuer dampften die Kessel, mit deren Hilfe allerlei wärmendes Getränk verabreicht wurde. Hie und da sah man einen Schiebeschlitten, in dem einen eingehüllte Mädchengestalt saß, aus dem Gewühl auf die freie Fläche hinausschießen; aber alle hielten sich am Rande des Sees; die Mitte mochte noch nicht geheuer scheinen.

Ich schnallte meine Stahlschuhe unter und machte einen einsamen Lauf an dem Ufer entlang.—Als ich zurückkehrte, fand ich fast die ganze Gesellschaft unsrer Tanzstunde bei den Zelten versammelt; prüfend mit vorgestreckten Händen schritten die kleinen Damen in ihren neuen Weihnachtsmänteln über die dort bereits ziemlich zerfahrene Eisdecke. Fritz, der schon abends zuvor seinen gelben Schlitten mit dem geschnitzten Hirschkopfe in der Mühle eingestellt hatte, war eben von einer Fahrt mit Fräulein Charlotte zurückgekehrt; und schon hatte eine andre unsrer Tänzerinnen den Platz unter der prächtigen Tigerdecke eingenommen. Der Kavalier zögerte indessen noch und schien sich nach einem Gehilfen für den anstrengenden Damendienst umzusehen; aber ich schwenkte zeitig ab; denn weiterhin unter deiner Gesellschaft von Frauen und Mädchen aus dem Handwerkerstande hatte ich Lenore Beauregard bemerkt, mit der ich seit jenem Tanzabende nicht wieder zusammengetroffen war. Die jungen Dirnen ließen sich, eine nach der andern, von einem Lehrburschen unsers Haustischlers in einem leichten Schiebschlitten fahren, den ich sofort als den meines früheren Spielgenossen Christoph erkannte. Auch seine Schwester bemerkte ich; er selbst war nicht dabei. Der Glanz des Eisspiegels mochte ihn weiter auf den See hinausgelockt haben; denn er war einer der besten Schlittschuhläufer unter den Knaben der Stadt.

Ich schwärmte eine Zeitlang umher, unschlüssig, wie ich am manierlichsten Lenore meine Dienste anbieten möchte; aber jedesmal, wenn ich mich näherte, wich sie sichtlich aus und verbarg sich zwischen den andern. Eben kam der Bursche wieder von einer Fahrt zurück. "Lenore ist an der Reihe!" hieß es; aber Lore wollte nicht. "Barthel muß erst einmal trinken", sagte sie und drückte dem Jungen etwas in die Hand.

Ich hörte dies kaum, so hatte ich auch schon meinen Plan gefaßt. Als ginge mich alles nichts mehr an, lief ich so rasch wie möglich nach den Zelten zu. Dicht davor wurde ich von Fritzens Mutter angerufen. "Philipp", sagte sie neckend und mit dem Daumen nach der Seite weisend, von wo ich hergekommen, "wenn du die Lore wieder fangen willst—da ist sie!"

"Freilich will ich sie fangen!" rief ich und segelte vorbei.

"Ja, ja; aber sie will nichts mehr wissen von euch jungen Herren!"

Ich hörte nur noch aus der Ferne. Schon stand ich vor dem großen Weinzelte; und als auch Barthel sich bald darauf einfand, hatte ich mit dem Opfer meiner ganzen Barschaft ein Glas Punsch und ein mit Wurst belegtes Butterbrot für ihn in Bereitschaft. "Laß dir's schmecken", sagte ich, indem ich beides vor ihn hinschob, "die Mädchen machen dir das Leben gar zu sauer."

Der Junge aß und trank mit solchem Appetit, daß ich meinen Bestechungsversuch fortzusetzen wagte. "Wie wär es, Barthel, wenn ich dich einmal ablöste?"

Er wischte sich mit der Hand den Schweiß von der Stirn und kaute ruhig weiter; nur mitunter, während ich ihm meine Verhaltungsregeln auseinandersetzte, nickte er zum Zeichen, daß er mich verstanden habe. Als seine Mahlzeit beendigt war, kehrte er zu seiner Gesellschaft zurück, und bald darauf sah ich Lore, ihr schwarzseidenes Pelzkäppchen auf dem Kopf, die Hände in ihren kleinen Muff gesteckt, im Schlitten sitzen, und Barthel steuerte langsam und schwerfällig am Rande des Sees dahin.—Als sie aus dem Menschengewühl heraus waren, fuhr ich unhörbar auf meinen ebenen Schlittschuhen hinterher. Noch ein paar Augenblicke; dann legte meine Hand sich auf den Schlitten, und der Bursche blieb zurück. Ich hätte aufjauchzen mögen; aber ich biß die Zähne zusammen; und fort wie auf Flügeln schoß das leichte Gefährt über die glänzende Eisfläche.

"Barthel, du fliegst ja!" sagte Lore.

Ich hielt ein wenig inne; ich fürchtete, mich verraten zu haben, und suchte, so gut es gehen wollte, das Scharren von Barthels rostigen Schlittschuhen nachzuahmen. Aber meine Besorgnis war unnötig. Lore steckte ihre Hände tiefer in den Muff und lehnte sich behaglich zurück, so daß das Pelzkäppchen fast auf meinem Arm ruhte. "Nur immer zu, Barthel!" sagte sie. Und Barthel ließ sich das nicht zweimal sagen.

Schon hatten wir den Bereich der gewöhnlichen Schlittschuhläufer hinter uns gelassen; kein Lüftchen regte sich, das weiß bereifte Schilf, das sich weithin dem Ufer entlang zieht, glitzerte blendend in den schräg fallenden Sonnenstrahlen. Immer weiter ging es; wenn ich niederblickte, konnte ich die schlangenartigen Triebe des Aalkrautes unter der durchsichtigen Glasdecke erkennen.

Aber die Mitte des Sees lockte mich; unmerklich wandte ich den Schlitten, und immer größer wurde der Raum, der uns vom Ufer trennte. Schon konnte ich beim Zurückblicken nur noch kaum das Blinken des Schilfes unterscheiden; geheimnisvoll dehnte sich die dunkle Spiegelfläche bis zum andern, weit entfernten Ufer, kaum erkennbar, ob eine feste tragende Eisdecke oder nur ein regungsloses trügliches Gewässer. Endlich war die Mitte erreicht. Jede Spur eines menschlichen Fußes hatte aufgehört; wie verloren schwebte der Schlitten über der schwarzen Tiefe. Keine Pflanze streckte ihr Blatt hinauf an die dünne kristallene Decke; denn der See soll hier ins Bodenlose gehen. Nur mitunter war es mir, als husche es dunkel unter uns dahin.—War das vielleicht der Sargfisch, der in den untersten Gründen dieses Wassers hausen soll, der nur heraufsteigt, wenn der See sein Opfer haben will?—Wenn es wäre, dachte ich, wenn es bräche! Und meine Augen suchten die dunkeln Hüllen zu durchdringen, in denen ich die liebliche Gestalt verborgen wußte.—

Wieder hatte ich den Schlitten gewandt und fuhr jetzt geradeaus, mich immer in der Mitte haltend. Vor uns, dort, wo der See seine Ufer zu einem schmalen Strom zusammendrängt, war in der Ferne schon die Brücke zu erkennen; wie ein Schatten stand sie in der grauen Luft.

"Mach zurück, Barthel! Es wird kalt!" sagte Lore.

Ich achtete nicht darauf. Mag sie sich umblicken, dachte ich und schob nur um so rascher vorwärts. Ich wartete jetzt fast mit Ungeduld darauf. Aber sie schien ihre Mahnung schon vergessen zu haben; denn sie senkte schweigend den Kopf und wickelte sich fester in ihren Mantel.—Und weiter flog der Schlitten. Mitunter war mir, als spürte ich unter uns eine leise Wellenbewegung, als hebe und senke sich die dünne Kristalldecke unter der über sie hinfliegenden Last; aber ich hatte keine Furcht, ich wußte, was man dem jungfräulichen Eise bieten darf.

Der kurze Winternachmittag war indessen fast zu Ende gegangen; schon lag der Sonnenball glühend am Rande des Horizonts. Es wurde kalt, das Eis tönte. Und jetzt, in stetem Wachsen, lief ein donnerndes Krachen von einem

Ufer zum andern über den ungeheuern, immer dunkler werdenden Eisspiegel.

Lore warf sich zurück und stieß einen lauten Schrei aus.

"Erschrick nicht!" sagte ich leise, "es hat nicht Not, es kommt nur von der Abendluft."

Sie wandte sich um und starrte mich wie versteinert an. "Du!" rief sie, "was willst du hier?"

"So nach doch nicht so böse Augen!" sagte ich und suchte ihre Hand zu fassen.

Sie entriß sie mir. "Wo ist Barthel?"

"Er ist zurückgeblieben; ich habe dich gefahren."

Sie richtete sich auf. "Laß mich hinaus!" rief sie, indem ihr die Tränen aus den Augen sprangen.

Ich hörte nicht auf sie; ich wandte nur den Schlitten nach der Stadt zurück. "Lore", sagte ich, "was habe ich dir getan?"

Aber sie stieß mich mit der kleinen geballten Faust vor die Brust. "Geh doch zu deinen feinen Damen! Ich will nichts mit euch zu tun haben; mit dir nicht, mit keinem von euch!"

Es war wie Wut, was mich überfiel. Ich faßte sie mit beiden Armen und drückte sie hart auf den Sitz nieder.

"Du bist ruhig, Lore", sagte ich, und die Stimme bebte mir, "oder ich wende noch einmal den Schlitten und ich fahre dich in die Nacht hinaus, unter der Brücke durch, so weit der Strom ins Land hinausreicht; mir gleich, ob es hält oder bricht!"

Sie hatte währenddessen, fast als beachte sie meine Worte nicht, seitwärts über den See geblickt; aber sie blieb sitzen und ließ sich ruhig von mir fahren. Nur fiel es mir auf, daß sie bald darauf wiederholt und wie verstohlen nach derselben Seite blickte. Als auch ich den Kopf dahin wandte, sah ich einen Schlittschuhläufer in nicht gar weiter Ferne auf uns zustreben. Er mußte bemerkt haben, was soeben vorgefallen; denn er strengte sich augenscheinlich an, uns zu erreichen.

Und schon hatte ich ihn erkannt; es war Christoph, mein alter Spielkamerad, der große Feind der Lateiner. Ich wußte auch wohl, was jetzt bevorstand; es galt nur noch, wer von uns der schnellste sei.

"Nur zu!" sagte Lore, indem sie ihr Pelzkäppchen zurückschob, daß ihr schwarzes Haar sichtbar wurde. "Er kriegt dich doch!"

Ich konnte nicht antworten; schneller als je zuvor trieb ich den Schlitten vorwärts; aber ich keuchte, und meine Kräfte, von der langen Fahrt geschwächt, begannen nachzulassen. Immer näher hörte ich den Verfolger hinter mir; rastlos und schweigend war er uns auf den Fersen; dann plötzlich hörte ich dich an meiner Seite seine Schlittschuhe scharf im Eise hemmen, und eine schwere Hand fiel neben der meinen auf die Lehne des Schlittens. "Halbpart, Philipp!" rief er, indem er mit der andern an meine Brust griff.

Ich riß seine Hand los und stieß den Schlitten fort, daß er weit vor uns hinflog. Aber in demselben Augenblick erhielt ich einen Faustschlag und stürzte rücklings mit dem Hinterkopf auf das Eis. Nur undeutlich hörte ich noch das Fortschurren des Schlittens; dann verlor ich die Besinnung.

Ich blieb indes nicht lange in dieser Lage. Wie ich später von ihm hörte, hatte Christoph bald darauf sich nach mir umgesehen und war, da er mich nicht nachkommen sah, auf den Platz unsers Kampfes zurückgekehrt. Nicht ohne große Bestürzung hatten dann beide, nachdem Lore ausgestiegen, mich in den Schlitten gehoben.—Mir selbst kam nur ein dunkles Gefühl von alledem; es war wie Traumwachen. Mitunter verstand ich einzelne Worte ihres Gesprächs. "Behalte doch deinen Mantel, Lore!" hörte ich Christoph sagen.— "O nein; ich brauch ihn nicht; ich laufe ja."—Und zugleich fühlte ich, daß etwas Warmes auf mich niedersank. Der Schlitten bewegte sich langsam vorwärts. Dann kam es wieder wie Dämmerung über mich; immer aber war es mir, als ginge ein leises Weinen neben mir her.

Zum völligen Bewußtsein erwachte ich erst in der Wohnstube und auf dem Sofa des Wassermüllers, der hart am Ufer des Mühlenteichs wohnte. Lore hatte mit ihrer Mutter, die mittlerweile auch herausgekommen war, nach Hause gehen müssen; Christoph aber war zurückgeblieben und hatte sich auf den Rat der Müllersfrau damit beschäftigt, mir nasse Umschläge auf den Kopf zu legen. Als ich die Augen aufschlug, saß er neben mir auf dem Stuhl, eine irdene Schüssel mit Wasser zwischen den Knien. Er wollte eben das Leintuch erneuern, aber er zog jetzt die Hand zurück und fragte schüchtern: "Darf ich dir helfen, Philipp?"

Ich setzte mich aufrecht und suchte meine Gedanken zu sammeln; der Kopf schmerzte mich. "Nein", sagte ich dann, "ich brauche deine Hilfe nicht."

"Soll ich jemanden für dich aus der Stadt holen?"

"Geh nur; ich werde schon allein nach Hause kommen."

Christoph stand zögernd auf und setzte die Schüssel auf den Tisch.

Bald darauf knarrte die Stubentür; er hatte die Klinke in der Hand; aber er ging nicht fort. Als ich mich umwandte, sah ich die Augen meines alten Kameraden mit dem Ausdruck der ehrlichsten Traurigkeit auf mich gerichtet.

Nur eine Sekunde noch war ich unschlüssig. "Christoph", sagte ich, indem ich aufstand und ihm die Hand entgegenstreckte, "wenn du Zeit hast, so bleibe noch ein wenig bei mir; du kannst mir deinen Arm geben; wir gehen dann zusammen in die Stadt."

Wie ein Blitz der Freude fuhr es über sein Gesicht. Er ergriff meine Hand und schüttelte sie. "Es war ein schändlicher Stoß, Philipp!" sagte er.

Eine halbe Stunde später, da es schon völlig finster war, wanderten wir langsam nach der Stadt zurück.

Aber die Sache ging nicht so leicht vorüber. Ich konnte am folgenden Morgen das Bett nicht verlassen und mußte meinen Eltern gestehen, daß ich einen schweren Fall auf dem Eise getan habe.

Am Abend des folgenden Tages, da ich schon fast wiederhergestellt war, setzte meine Mutter ein Federkästchen von poliertem Zuckerkistenholz vor mir auf den Tisch. "Der Christoph Werner hat es gebracht", sagte sie; "er habe es selbst für dich gearbeitet."

Ich nahm das Kästchen in die Hand. Es war zierlich gemacht, sogar auf dem Deckel mit einer kleinen Bildschnitzerei versehen.

"Er hat sich nach deinem Befinden erkundigt", fuhr meine Mutter fort; "habt ihr denn draußen eure alte Freundschaft wieder neu besiegelt?"

"Besiegelt, Mutter?—Wie man's nehmen will", sagte ich lächelnd.

Und nun ließ die gute Frau nicht nach, bis ich, von manchen Fragen und zärtlichen Vorwürfen unterbrochen, ihr mein ganzes kleines Abenteuer gebeichtet hatte.—Aber es wurde, wie sie gesagt; der Lateiner und der Tischlerlehrling erneuerten ihre Kameradschaft, und zweimal wöchentlich zur bestimmten Stunde ging ich von nun an regelmäßig in die Werkstatt des alten Tischlers Werner, um unter der Anleitung des geschickten Mannes wenigstens die Anfangsgründe seines Handwerks zu erlernen.

Das ist die Drossel, die da schlägt,
Der Frühling, der mein Herz bewegt,
Ich fühle, die sich hold bezeigen,
Die Geister aus der Erde steigen;
Das Leben fließet wie ein Traum.
Mir ist wie Blume, Blatt und Baum.

Es war Frühling geworden. Die Nachtigall zwar verkündigte ihn nicht; denn, wenn auch mitunter eine sich zu uns verflog, die Nordwestwinde unsrer

Küste hatte sie bald wieder hinweggeweht; aber die Drossel schlug in den Baumgängen des alten Schloßgartens, der im Schutze der Stadt, in dem Winkel zweier Straßen lag. Dem Haupteingange gegenüber, auf einem Rasenplatz hinter den Gärten der großen Marktstraße, war seit gestern ein Karussell aufgeschlagen; denn es war nicht nur Frühling, es war auch Jahrmarkt, eine ganze Woche lang. Die Leierkastenmänner waren eingezogen und vor allem die Harfenmädchen; die Schüler mit ihren roten Mützen streiften Arm in Arm zwischen den aufgeschlagenen Marktbuden umher, um womöglich einen Blick aus jungen asiatischen Augen zu erhaschen, die zu gewöhnlichen Zeiten bei uns nicht zu finden waren.—Daß während des Jahrmarktes die Gelehrtenschule, wie alle andern, Ferien machte, verstand sich von selbst.—Ich hatte das vollste Gefühl dieser Feiertage, zumal ich seit kurzem Primaner war und infolgedessen neben meiner roten Mütze einen schwarzen Schnürenrock nach eigner Erfindung trug. Brauchte ich nun doch auch nicht mehr wie sonst abends an dem Treppeneingang des erleuchteten Ratskellers stehenzubleiben, wo sich allzeit das schönste lustigste Gesindel bei Musik und Tanz zusammenfand; ich konnte, wenn ich ja wollte, nun selbst einmal hinabgehen und mich mit einem jener fremdartigen Mädchen im Tanze wiegen, ohne daß irgend jemand groß danach gefragt hätte.—Aber grade zu solchen Zeiten liebte ich es mitunter, allein ins Feld hinauszustreifen und in dem sichern Gefühl, daß sie da seien und daß ich sie zu jeder Stunde wieder erreichen könne, alle diese Herrlichkeiten für eine Zeitlang hinter mir zu lassen.

So geschah es auch heute. Unter der Beihilfe meines Vaters, der ein leidenschaftlicher Entomologe war, hatte ich vor einigen Jahren eine Schmetterlingssammlung angelegt und bisher mit Eifer fortgeführt. Ich war nach Tische auf mein Zimmer gegangen und stand vor dem einen Glaskasten, deren schon drei dort an der Wand hingen. Die Nachmittagssonne schimmerte so verlockend auf den blauen Flügeln der Argusfalter, auf dem Samtbraun des Trauermantels; mich überkam die Lust, einmal wieder einen Streifzug nach dem noch immer vergebens von mir gesuchten Brombeerfalter zu unternehmen. Denn dieses schöne olivenbraune Sommervögelchen, welches die stillen Waldwiesen liebt und gern auf sonnigen Gesträuchen ruht, war in unsrer baumlosen Gegend eine Seltenheit.—Ich nahm meinen Kescher vom Nagel; dann ging ich hinab und ließ mir von meiner Mutter ein Weißbrötchen in die Tasche stecken und meine Feldflasche mit Wein und Wasser füllen. So ausgerüstet, schritt ich bald über den Karussellplatz nach dem Schloßgarten, dessen Baumgänge schon von jungem Laube beschattet waren, und von dort weiter durch die dem Haupteingange gegenüberliegende Pforte ins freie Feld hinaus. Es hatte die Nacht zuvor geregnet, die Luft war lau und klar; ich sah drüben am Rande des Horizonts auf der hohen Geest die Mühle ihre Flügel drehen.

Eine kurze Strecke führte noch der Weg an der Außenseite des Schloßgartens entlang; dann wanderte ich aufs Geratewohl auf Feldwegen oder Fußsteigen, welche quer über die Äcker führen, in die sonnige schattenlose Landschaft hinaus. Nur selten, so weit das Auge reichte, stand auf den Sand- und Steinwällen, womit die Grundstücke umgeben sind, ein wilder Rosenstrauch oder ein andres dürftiges Gebüsch; aber hier, wo in der Morgenfrühe die rauhen Seewinde ungehindert überhin fahren, waren nur kaum die ersten Blätter noch entfaltet. Ich schlenderte behaglich weiter; mehr die Augen in die Ferne als nach dem gerichtet, was etwa neben mir am Wege zwischen Gräsern und rot blühenden Nesseln gaukeln mochte.

So war, ohne daß ich es merkte, der halbe Nachmittag dahin. Ich hörte es von der Stadt her vier schlagen, als ich mich an dem Ufer des Mühlenteichs ins Gras warf und mein bescheidenes Vesperbrot verzehrte. Eine angenehme Kühlung wehte von dem Wasserspiegel auf mich zu, der groß und dunkel zu meinen Füßen lag. Dort in der Mitte, wo jetzt über der Tiefe die kleinen Wellen trieben, mußte der Schlitten gestanden haben, als Lore ihren Mantel über mich legte. Ich blickte eine ganze Weile nach dem jetzt unerreichbaren Punkte, den meine Augen in dem Fluten des Wassers nur mit Mühe festzuhalten vermochten.—

Aber ich wollte ja den Brombeerfalter fangen! Hier, wo es weitumher kein Gebüsch, kein stilles vor dem Winde geschütztes Fleckchen gab, war er nicht zu finden. Ich entsann mich eines andern Ortes, an dem ich vor Jahren unter der Anführung eines ältern Jungen einmal Vogeleier gesucht hatte. Dort waren Koppel an Koppel die Wälle mit Hagedorn und Nußgebüsch bewachsen gewesen; an den Dornen hatten wir hie und da eine Hummel aufgespießt gefunden, wie dies nach der Naturgeschichte von den Neuntötern geschehen sollte; bald hatten wir auch die Vögel selbst aus den Zäunen fliehen sehen und ihre Nester mit den braun gesprenkelten Eiern zwischen dem dichten Laub entdeckt. Dort, in dem heimlichen Schutz dieser Hecken, war vielleicht auch das Reich des kleinen seltenen Sommervogels! Das "Sietland" hatte der Junge jene Gegend genannt, was wohl soviel wie Niederung bedeuten mochte. Aber wo war das Sietland?—Ich wußte nur, daß wir in derselben Richtung, wie ich heute, zur Stadt hinausgegangen waren und daß es unweit der großen Heide gelegen, welche etwa eine Meile weit von der Stadt beginnt.

Nach einigem Besinnen nahm ich mein Fanggerät vom Boden und machte mich wieder auf die Wanderung. Durch einen Hohlweg, in den sich das Ufer hier zusammendrängt, gelangte ich auf eine Höhe, von der ich die vor mir liegende Ebene weit übersehen konnte; aber ich sah nichts als Feld an Feld die kahlen ebenmäßigen Sandwälle, auf denen die herbe Frühlingssonne flimmerte. Endlich, dort in der Richtung nach einem Häuschen, wie sie am Rande der Heide zu stehen pflegen, glaubte ich etwas wie Gebüsch zu entdecken.—Es war mindestens noch eine halbe Stunde bis dahin, aber ich hatte heute Lust zum Wandern und schritt rüstig drauflos. Hie und da flog ein gelber Zitronenfalter oder ein Kreßweißling über meinen Weg, oder eine graue Leineule kletterte an einem Grasstengel; von einem Brombeerfalter aber war keine Spur.

Doch ich mußte schon mehr in einer Niederung sein; denn die Luft wurde immer stiller; auch ging ich schon eine Zeitlang zwischen dichten Hagedornhecken. Ein paar Male, wenn sich ein Lufthauch regte, hatte ich einen starken lieblichen Geruch verspürt, ohne daß ich den Grund davon zu entdecken vermocht hätte; denn das Gebüsch an meiner Seite verwehrte mir die Aussicht. Da plötzlich sprang zur Rechten der Wall zurück, und vor mir lag ein Fleckchen hügeligen Heidelandes. Brombeerranken und Bickbeerengesträuch bedeckten hie und da den Boden; in der Mitte aber an einem schwarzen Wässerchen stand vereinzelt im hellsten Sonnenglanz ein schlanker Baum. Aus den blendend grünen Blättern, durch die er ganz belaubt war, sprang überall eine Fülle von zarten weißen Blütentrauben hervor; unendliches Bienengesumm klang wie Harfenton aus seinem Wipfel. Weder in der Gärten der Stadt noch in den entfernteren Wäldern hatte ich jemals seinesgleichen gesehen. Ich staunte ihn an; wie ein Wunder stand er da in dieser Einsamkeit.

Eine Strecke weiter, nur durch ein paar dürftige Ackerfelder von mir getrennt, dehnte sich unabsehbar der braune Steppenzug der Heide; die äußersten Linien des Horizonts zitterten in der Luft. Kein Mensch, kein Tier war zu sehen, so weit das Auge reichte.— Ich legte mich neben dem Wässerchen im Schatten des schönen Baumes in das Kraut. Ein Gefühl von süßer Heimlichkeit beschlich mich; aus der Ferne hörte ich das sanfte träumerische Singen der Heidelerche; über mir in den Blüten summte das Bienengetön; zuweilen regte sich die Luft und trieb eine Wolke von Duft um mich her; sonst war es still bis in die tiefste Ferne. Am Rande des Wassers sah ich Schmetterlinge fliegen; aber ich achtete nicht darauf, mein Kescher lag müßig neben mir.—Ich gedachte eines Bildes, das ich vor kurzem gesehen hatte. In einer Gegend, weit und unbegrenzt wie diese, stand auf seinen Stab gelehnt ein junger Hirte, wie wir uns die Menschen nach den ersten Tagen der Weltschöpfung zu denken gewohnt sind, ein rauhes Ziegenfell als Schurz um seine Hüften; zu seinen Füßen saß—er sah auf sie herab— eine schöne Mädchengestalt; ihre großen dunkeln Augen blickten in seliger Gelassenheit in die morgenhelle Einsamkeit hinaus.— "Allein auf der Welt" stand darunter.—Ich schloß die Augen; mir war, als müsse aus dem leeren Raum dies zweite Wesen zu mir treten, mit dem selbander jedes Bedürfnis aufhöre, alle keimende Sehnsucht gestillt sein. "Lore!" flüsterte ich und streckte meine Arme in die laue Luft.

Indessen war die Sonne hinabgesunken, und vor mir leuchtete das Abendrot über die Heide. Der Baum war stumm geworden, die Bienen hatten ihn verlassen; es war Zeit zur Heimkehr. Meine Hand faßte nach dem Kescher.—Aber was kümmerte mich jetzt dies Knabenspielzeug. Ich sprang auf und hängte ihn hoch, so hoch, wie ich vermochte, zwischen den dichtbelaubten Zweigen des Baumes auf. Dann, das Bild der schönen Schneidertochter vor meinen trunknen Augen, machte ich mich langsam auf den Rückweg.

Die Dämmerung war stark hereingebrochen, als ich aus dem Portal des Schloßgartens trat. Drüben am Karussell waren schon die Lampen angezündet; Leierkastenmusik, Lachen und Stimmengewirr schollen zu mir herüber; dazwischen das Klirren der Florette an den eisernen Ringhaltern. Ich blieb stehen und blickte durch die Linden, welche den Platz umgaben, in das bewegte Bild hinein. Das Karussell war in vollem Gange; Sitzplätze und Pferde, alles schien besetzt, und ringsumher drängte sich eine schaulustige Menge jedes Alters und Geschlechts. Jetzt aber wurde die Bewegung des Karussells langsamer, so daß ich unter den grünen Zweigen durch die einzelnen Gestalten ziemlich bestimmt erkennen konnte.

Unwillkürlich war ich indessen näher getreten und hatte mich bis an den Eisendraht gedrängt, der ringsum gezogen war.—Das Mädchen dort auf dem braunen Pferd war die Schwester meines Freundes Christoph. Aber es kam noch eine Reiterin, eine feinere Gestalt; sie saß seitwärts, ein wenig lässig, auf ihrem hölzernen Gaule. Und jetzt, während sie langsam näher getragen wurde, wandte sie den Kopf und blickte lächelnd in die Runde. Es war Lore; fast wie ein Schrecken schlug es mir durch die Glieder. Auch sie hatte mich erkannt; a nur eine Sekunde lang hafteten ihre Augen wie betroffen in den meinen; dann bückte sie sich zur Seite und machte sich an ihrem Kleide zu schaffen. Das schwere eiserne Florett, das sie in der kleinen Faust hielt, schien nicht umsonst von ihr geführt zu sein; denn es war fast bis an den Knopf mit Ringen angefüllt.

Mittlerweile war der Eigentümer des Karussells herangetreten, um für die neue Runde einzusammeln. Sie richtete sich auf und hielt ihm ihr Florett entgegen. "Freigeritten!" sagte sie, indem sie es umstürzte und die Ringe in die Hand des Mannes gleiten ließ.

Er nickte und ging an den nächsten Stuhl, wo eine Anzahl Kinder sich um die besten Plätze zankten.—Als ich von dort wieder zu Lore hinübersah, stand Christophs Schwester neben ihr; aber sie wandte mir den Rücken und schien mich nicht bemerkt zu haben.

"Gehst du mit, Lore?" hörte ich sie fragen; "ich muß nach Hause."

Lore antwortete nicht sogleich; ihre Augen streiften mit einem unsichern Blick zu mir hinüber. Ich wagte mich nicht zu rühren; aber meine Augen antworteten den ihren, und mir selber kaum vernehmlich flüsterten meine Lippen: "Bleib!"

"So sprich doch!" drängte die andre. "Es hat schon acht geschlagen. " Lore steckte ihre Füßchen wieder in den Steigbügel, den sie hatte fahren lassen, und die Augen auf mich gerichtet, erwiderte sie: "Ich bleibe noch, ich hab' mich freigeritten!" Und leise setzte sie hinzu: "Meine Mutter wollte vielleicht noch hier vorüberkommen!"

Ich fühlte, daß das gelogen sei. Das Blut schoß mir siedend heiß ins Gesicht, es brauste mir vor den Ohren; die kleine Lügnerin hatte plötzlich den Schleier des Geheimnisses über uns geworfen. Es war zum erstenmal in meinem Leben, daß ich eine so berauschende Zusage erhielt; bisher hatte ich nur manchmal darüber nachgesonnen, wie in der Welt so etwas möglich sei.

Christophs Schwester hatte sich entfernt. Der Leierkasten begann wieder seine Musik, die Peitsche klatschte über dem alten Gaul, und unter dem Zuruf der Bauernburschen und—mädchen, die inzwischen die meisten Plätze eingenommen hatten, setzte das Karussell sich wieder in Bewegung. Lore sah nach mir zurück, sie hatte ihr Florett in den Sattelknopf gestoßen und saß wie in sich versunken, die Hände vor sich auf dem Schoß gefaltet. Das rote Tüchelchen an ihrem Halse wehte in der Luft, und in immer rascherem Kreisen wurde die leichte Gestalt an mir vorübergetragen; kaum fühlte ich den Blitz ihres Auges in den meinen, so war sie schon fort, und nur der Schimmer ihres hellen Kleides tauchte in der trüben Lampenbeleuchtung noch ein paarmal flüchtig aus den immer tiefer fallenden Schatten auf.—Plötzlich krachte etwas; die in den Stühlen sitzenden Mädchen kreischten, und das Karussell stand.

"Bleiben Sie sitzen, meine Herrschaften", rief der Eigentümer, indem er mit seinem Gehilfen über die Querbalken stieg, um den Schaden zu untersuchen. Eine Laterne wurde heruntergenommen, es wurde geklopft und gehämmert; aber es schien sich so bald nicht wieder fügen zu wollen. Mir wurde die Zeit lang; meine Augen suchten vergebens nach der kleinen Reiterin. Ich drängte mich aus der Menschenmasse heraus, in die ich eingekeilt war, und ging von außen nach der gegenüberliegenden Seite des Platzes. Als ich mich hier mit Bitten und Gewalt bis an die Barriere durchgearbeitet hatte, stand ich dich neben ihr. Sie war von dem Holzgaul herabgestiegen und blickte wie suchend um sich her.

Nach einer Weile steckte sie das Florett, das sie spielend in der Hand gehalten, wieder in den Sattelknopf und machte Miene, herabzuspringen. Aber während sie ihre Kleider zusammennahm, war ich in den Kreis geschlüpft.

"Guten Abend, Lore!"

"Guten Abend!" sagte sie leise.

Dann, während die Bauernburschen immer lauter ihr Eintrittsgeld zurückforderten, faßte ich ihre Hand und zog sie mit mir hinaus ins Freie. Aber hier war meine Verwegenheit zu Ende. Lore hatte mir ihre Hand entzogen, und wir gingen wortlos und befangen nebeneinander der Straße zu, an deren äußerstem Ende sich das Haus ihrer Eltern befand.—Als wir den zur Seite liegenden Eingang des Schloßgartens erreicht hatten, kam uns von der Straße her ein Trupp von Menschen entgegen, an deren lauten Stimmen ich einzelne meiner ausgelassensten Kommilitonen erkannte. Unwillkürlich blieben wir stehen.

"Wir wollen durch den Schloßgarten!" sagte ich.

"Es ist so weit!"

"Oh, es ist nicht so viel weiter!"

Und wir gingen durch das Portal in den breiten Steig hinab, welcher zwischen niedrigen Dornhecken zu einem Laubgange von dichtverwachsenen Hagebuchen führte. Da hier vorne auch hinter den Zäunen nur bebautes harmloses Gartenland lag, so verhinderte mich die einbrechende Dunkelheit nicht, die neben mir wandelnde Mädchengestalt zu betrachten. Mich schauerte, daß sie jetzt wirklich in solcher Einsamkeit mir nahe war.

Kein Mensch außer uns schien in dem alten Park zu sein; es war so still, daß wir jeden unsrer Tritte auf dem Sande hörten.

"Willst du mich nicht anfassen?" fragte ich.

Sie schüttelte den Kopf.

"Warum nicht?"

"Nein—wenn jemand käme!"

Wir hatten den gewölbten Buchengang erreicht. Es war sehr dunkel hier; denn in geringer Entfernung zu beiden Seiten waren ähnliche Laubengänge, und auf den dazwischen befindlichen Rasenflecken lagerten undurchdringliche Schatten. Ich wußte nur noch, daß Lore neben mit ging; denn ich hörte ihren Atem und ihren leichten Schritt; zu sehen vermochte ich sie nicht. Wie neckend schoß es mir durch den Kopf, daß ich am Nachmittag auf einen Sommervogel ausgegangen war. "Nun bist doch gefangen!" sagte ich, und durch die Dunkelheit ermutigt, ergriff ich ihre herabhängende Hand und hielt sie fest. Sie duldete es; aber ich fühlte, wie sie zitterte, und auch mir schlug mein Knabenherz bis in den Hals hinauf.

So gingen wir langsam weiter. Von der Stadt her kam der gedämpfte Ton der Drehorgeln und das noch immer fortdauernde Getöse des

Jahrmarkttreibens; vor uns am Ende der Allee in unerreichbarer Ferne stand noch ein Stückchen goldenen Abendhimmels. Ich legte ihre Hand in meinen Arm und faßte sie dann wieder. In diesem Augenblick trollte vor uns etwas über den Weg; es mag ein Igel gewesen sein, der auf die Mäusejagd ging.— Sie schrak ein wenig zusammen und drängte sich zu mir hin, und als ich, unabsichtlich fast, den Arm um sie legte, fühlte ich, wie ihr Köpfchen auf meine Schulter glitt.

Als aber dann, nur eine flüchtige Sekunde lang, ein junger Mund den andern berührt hatte, da trieb es uns wie töricht aus den schützenden Baumschatten ins Freie. So hatten wir bald, während ich nur noch ihre Hand gefaßt hielt, das Ende der Allee erreicht und traten durch eine Pforte auf einen Feldweg hinaus, der seitwärts auf die letzten Häuser der Stadt zuführte. Wir gingen eilig nebeneinander her, als könnten wir das Ende unsers Beisammenseins nicht rasch genug herbeiführen.

"Mein Vater wird mich suchen; es ist gewiß schon spät!" sagte Lore, ohne aufzusehen.

"Ich glaube wohl!" erwiderte ich. Und wir gingen noch eiliger als zuvor.

Schon standen wir am Ausgang des Weges, den letzten Häusern der Stadt gegenüber. In dem Lichtschein, der unter der Linde aus dem Fenster des Schneiderhäuschens fiel, sah ich unweit davon ein Mädchen an einem Brunnen stehen. Ich durfte nicht weiter mit. Als aber Lore den Fuß auf das Straßenpflaster hinaussetzte, war mir, als dürfe ich sie so nicht von mir gehen lassen.

"Lore", sagte ich beklommen, "ich wollte dir noch etwas sagen."

Sie trat einen Schritt zurück. "Was denn?" fragte sie.

"Warte noch eine Weile!"

Sie wandte sich um und blieb ruhig vor mir stehen. Ich hörte, wie sie mit den Händen über ihr Haar strich, wie sie ihr Tüchelchen fester um den Hals knüpfte; aber ich suchte lange vergebens des Gedankens habhaft zu werden, der wie ein dunkler Nebel vor meinen Augen schwamm. "Lore", sagte ich endlich, "bist du noch bös mit mir?"

Sie blickte zu Boden und schüttelte den Kopf.

"Willst du morgen wieder hier sein?"

Sie zögerte einen Augenblick. "Ich darf des Abends sonst nicht ausgehen", sagte sie dann.

"Lore, du lügst; das ist es nicht, sag mir die Wahrheit!"

Ich hatte ihre Hand gefaßt; aber sie entzog sie mir wieder.

"So sprich doch, Lore!—Willst du nicht sprechen?"

Noch eine Weile stand sie schweigend vor mir; dann schlug sie die Augen auf und sah mich an. "Ich weiß es wohl", sagte sie leise, "du heiratest doch einmal nur eine von den feinen Damen."

Ich verstummte. Auf diesen Einwurf war ich nicht gefaßt; an so ungeheure Dinge hatte ich nie gedacht und wußte nichts darauf zu antworten.

Und ehe ich mich dessen versah, hörte ich ein leises "Gute Nacht" des Mädchens; und bald sah ich sie drüben in dem Schatten der Häuser verschwinden. Ich vernahm noch das vorsichtige Aufdrücken einer Haustür, das leise Anschlagen der Türschelle; dann wandte ich mich und ging langsam durch den Schloßgarten zurück.

Ohne erst zum Abendessen in die Wohnstube meiner Eltern zu gehen, schlich ich die Treppe hinauf in meine Kammer. Wie trunken warf ich mich in die Kissen. Nach einer Viertelstunde hörte ich die Stubentür gehen, und durch die halb geöffneten Augenlider sah ich meine Mutter mit einer Lampe an mein Bett treten. Sie beugte sich über mich; aber ich schloß die Augen und träumte weiter. Trotz des wenig verheißenden Abschieds war mir doch, als hätte meine Hand eine volle Rosengirlande gefaßt, an welcher nun in alle Zukunft hinein der Lebensweg entlang gehen müsse.

So sehr ich aber an diesem Abend den Drang, allein zu sein, empfunden, ebensosehr trieb es mich am andern Morgen unter Menschen. Ich hatte ein neues Gefühl der Freiheit und Überlegenheit in mir, das ich nun auch andern gegenüber empfinden wollte. Sobald ich gefrühstückt und den etwas unbequemen Fragen meiner Mutter notdürftig genuggetan hatte, ging ich in die Werkstatt meines Freundes Christoph. Er war eifrig beschäftigt, kleine Mahagonifurniere auszuwählen und zu schneiden. "Was machst denn du da für Schönes?" fragte ich.

"Ein Nähkästchen", sagte er, ohne aufzublicken.

"Für Lenore Beauregard; meine Schwester will's ihr zum Geburtstag schenken."

Ich sah ihn von der Seite an; ein übermütiges Lächeln stieg in mir auf. "Die Lore ist wohl dein Schatz, Christoph?"

Der eckige Kopf des guten Jungen wurde bis unter die Stirnhaare wie mit Blut übergossen bei dieser treulosen Frage. Er schien selbst über seine Verlegenheit in Zorn zu geraten. "Ihr hättet sie nur aus eurer lateinischen Tanzschule fortlassen sollen!" sagte er, indem er mit seinem Messer grimmig in die Furnierblättchen hineinfuhr.

"Du bist wohl eifersüchtig, Christoph?" fragte ich.

Aber er antwortete nicht; er brummte nur halb für sich: "Das hätte meine Schwester sein sollen!"—

Dieser Triumph sollte indessen mein einzigster bleiben; denn ich mühte mich vergebens, wieder allein mit Lore zusammenzutreffen. Ein paarmal zwar im Laufe des Sommers begegnete sie mir an Sonntagnachmittagen hinter den Gärten auf dem Bürgersteige; aber Christoph und seine Schwester begleiteten sie, und der gute Junge ging so trotzig neben ihr, als wenn er sie einer ganzen Welt von Lateinern hätte streitig machen wollen; auch suchte sie selbst, wenn ich ein Gespräch mit ihnen begann, augenscheinlich die andern zum Weitergehen zu veranlassen.

Als späterhin bei Beginn des Michaelismarktes das Karussell wieder aufgeschlagen wurde, wagte ich noch einmal zu hoffen. Einen Abend nach dem andern, sobald die Dämmerung anbrach, fand ich mich auf dem Platze ein; zum großen Verdrusse meines Freundes Fritz, von dem ich mich unter immer neuen Vorwänden loszumachen suchte. Aber ebenso oft spähte ich vergebens unter den jungen Reiterinnen, die sich zuweilen einfanden, die schlanke Braune zu entdecken, um derentwillen ich allein gekommen war. Einsam wanderte ich durch die dunklen Gänge des Schloßgartens und zehrte trübselig von der Erinnerung eines entflohenen Glückes.

Dies alles nahm ein plötzliches Ende, als ich zu Anfang des Winters nach dem Willen meines Vaters die Gelehrtenschule unsrer Heimat verließ und zu meiner weitern Ausbildung auf ein Gymnasium des mittleren Deutschlands geschickt wurde.—Ob mein Schmetterlingskescher noch in dem blühenden Baum am Rande der Heide hängt?—Ich weiß es nicht; ich bin nicht wieder dort gewesen; auch den Brombeerfalter habe ich bis auf heute noch nicht gefangen.

Jahre waren seitdem vergangen.

Als ich den Zwang der klösterlichen Schulanstalt hinter mir hatte, brachte ich zum erstenmal wieder einige Herbstwochen im elterlichen Hause zu. Von allen meinen Kameraden fand ich nur noch Christoph im heimatlichen Neste; die übrigen, auch Fritz, waren alle schon ausgeflogen; ins lustige Studentenleben, aufs weite Meer hinaus, in die dunkle Schreibstube eines Kaufmanns, oder wohin sonst Wahl und Verhältnisse sie geführt hatten. Auch Christoph, der zum stattlichen, etwas untersetzten jungen Mann herangewachsen war, rüstete sich zum Abzug; er war Gesell geworden und wollte wandern. Aber zuvor arbeiteten wir noch einmal gemeinschaftlich in der Werkstatt seines Vaters, und ein ungeheurer Tabakskasten, der mit mir die Universität beziehen sollte, war das Resultat unsrer Bemühungen.—Von meiner Mutter erfuhr ich, daß die rüstige Frau Beauregard vor Jahresfrist eines plötzlichen Todes verblichen und ihre Tochter bald darauf nach der kleinen Landesuniversitätsstadt zu einer alten unverheirateten Tante gezogen sei, die sie testamentarisch zur Universalerbin ihres kleinen Vermögens eingesetzt hatte. Das schmale Häuschen mit der Linde war nach dem Tode der Mutter schuldenhalber verkauft worden, und der französische Schneider hatte froh sein müssen, bei einem der andern Meister als Gesell ein Unterkommen gefunden zu haben. Ich traf ihn am Sonntagnachmittage in einer Ecke des Kirchhofs auf der Bank sitzend. Seine Haut über den scharfen Backenknochen war noch gelber geworden, und sein schwarzes Haar war stark ergraut; er hustete, aber die Sonne schien ihm wohlzutun. "Ah, Monsieur Philipp!" rief er, da er mich erkannte, und streckte mir zwei Finger seiner langen knöchernen Hand entgegen, während die andern die alte wohlbekannte Porzellandose umklammert hielten. "Damals— das waren andre Zeiten, Monsieur Philipp!" fuhr er seufzend fort. "Meine Alte, sie hat sich mit ihrer Menage unter die schwarzen Kreuze dort begeben; und das Kind, die Lore"—er schluckte ein paarmal und nahm eine starke Prise—, "Sie werden es ja gehört haben!—Sie wollte nicht, sie wollte ihren armen Vater nicht allein lassen, ich mußte mit Gewalt ihre kleinen Hände von mir losreißen; aber was hilft es denn! Das Kind mußte doch sein Glück machen!" Er ließ den Kopf sinken und legte schlaff seine Hände auf die Knie. "Ich werde Ihnen ihre Briefe zeigen!" begann er dann wieder. "Sie werden sehen, Monsieur Philipp, Sie sind ja ein Gelehrter! Die allerliebsten Buchstaben, und all die lieben guten Worte; eine Marquise könnte es nicht besser."—

—So sprach er noch eine Weile fort, bis ich ihn verließ.

Ich habe den französischen Schneider nicht wiedergesehen; denn einige Tage darauf reiste ich ab, um zunächst auf einer ausländischen Universität meine juristischen Studien zu beginnen, und schon nach einem halben Jahre schrieb mir meine Mutter, der ich diese Begegnung erzählt hatte, daß auch Monsieur Beauregard, der Enkel des Ofenheizers vom Hofe Ludwigs des Sechzehnten, unter den schwarzen Kreuzen eine Stelle gefunden habe.

Drei Jahre später befand ich mich auf der Landesuniversität, um vor dem Examen noch das gesetzlich vorgeschriebene Jahr hier zu absolvieren. Fritz, mit dem ich das letzte Semester in Heidelberg zusammen gewohnt, wollte erst im nächsten Herbst zurückkehren. Aber mein Freund Christoph hatte die Universität bezogen; er war erster Arbeiter in einem großen Möbelmagazin. Ich trag ihn eines Nachmittags in einem öffentlichen Garten, wo er allein vor seinem Seidel Lagerbier saß und, scheinbar in Sinnen verloren, den Rauch seiner Zigarre vor sich hinblies. Sein starker blonder Backenbart und seine feine bürgerliche Kleidung ließen mich ihn erst in nächster Nähe erkennen. Als ich schweigend meine Hand auf seine Schulter legte, warf er den Kopf rasch und trotzig nach mir herum; denn, wenn ich jetzt auch keine farbige Mütze trug, so gehörte ich doch unverkennbar genug zu den mutmaßlich noch immer nicht von ihm geliebten Lateinern. Allein kaum hatte er mich angesehen, als auch sogleich die freudigste Überraschung aus seinen Augen leuchtete. "Philipp, du bist es?" sagte er, indem er mit einer fast mädchenhaften Bescheidenheit meine dargebotene Hand nahm und sie dann desto kräftiger drückte.—Wir sprachen lange zusammen; über unsre Heimat, über Eltern und Altersgenossen; als ich mich dann der verhängnisvollen Eisfahrt erinnerte, fragte ich auch nach unsrer gemeinschaftlichen Knabenliebe.

Lenore lebte noch im Hause ihrer Verwandten, einer alten Schneiderin, mit der sie zum Nähen in die Häuser der vornehmen Einwohner ging. Aber Christoph wurde bei den Antworten auf diese Fragen immer wortkarger und suchte endlich mit einer gewissen Hast das Gespräch auf andre Dinge zu bringen. Er schien in seinem treuen Gemüte noch immer die Fesseln des schönen Mädchens zu tragen, die ich mit dem Staub der Heimat schon längst von mir abgeschüttelt zu haben glaubte.

Ich mochte mich darin indessen irren.—Einige Zeit darauf hatte ich mit befreundeten Damen jenseits der Meeresbucht, an welcher die Stadt liegt, einen damals beliebten Vergnügungsort besucht. Der Nachmittag war zu Ende, und wir gingen an den Strand hinab, um nach einem Fahrzeug für die Heimkehr auszuschauen.—Zwei Boote, beide schon fast besetzt, lagen zur Abfahrt bereit. Neben dem einen, das etwa dreißig Schritte von uns entfernt sein mochte, stand an der Seite einer ältlichen lahmen Nähterin, die ich mitunter im Wohnzimmer meines Hauswirts gesehen hatte, eine auffallend schöne Mädchengestalt. Sie hatte schon den Fuß auf den Rand des Bootes gesetzt und schien im Begriff, hineinzusteigen; aber sie zögerte plötzlich, da sie den Kopf nach uns zurückwandte. Zwei schwarze fremdartige Augen, wie ich sie lange nicht, aber wie sich sie einst gesehen, trafen in die meinen; ich wußte jetzt, daß es Lenore Beauregard sei. Sie war größer geworden, und unter den braunen Wangen schimmerte das Rot der vollsten Jungfräulichkeit; aber noch immer war ihr in der Haltung jene graziöse Lässigkeit eigen, die mir unbewußt, schon einst mein Knabenherz entführt hatte. Es wallte heiß in mir auf, und ich hatte der Damen neben mir fast ganz vergessen. Denn jene dunkeln Augen schienen mich bittend anzublicken; ich hörte, wie die alte Nähterin ihr zusprach, wie der Schiffer sie nicht eben in den höflichsten Worten zum Einsteigen drängte; aber noch immer stand die schlanke Mädchengestalt unbeweglich, wie im Traum, die Augen nach mir hingewandt.

Schon hatte ich, wie von dunkler Naturgewalt getrieben, ein paar Schritte nach dem Boote zu getan; aber ich bezwang mich; ich dachte an Christoph; seine ehrlichen Augen schienen mich plötzlich anzusehen. "Es wird nicht Platz dort für uns alle sein", sagte ich zu den Damen. Dann gingen wir seitwärts nach dem andern Fahrzeug am Wasser entlang.—Doch noch einmal mußte ich nach Lore zurückblicken. Sie hatte den Kopf auf die Brust sinken lassen und stieg eben langsam über den Bord in das Innere des Bootes, das im Gold der Abendsonne auf dem regungslosen Wasser lag.

Bei der Heimfahrt saß ich am Steuer, wortkarg und innerlich erregt; meine Augen mochten wohl mitunter auf dem andern in ziemlicher Entfernung vor uns rudernden Boote ruhen, während die jungen Damen mich vergebens in ihre Plaudereien zu ziehen suchten.

"Aber Sie sind heute nicht zu gebrauchen!" sagte die eine; "unsre schöne Nähterin scheint Sie stumm gemacht zu haben!"

"Ist Lore Ihre Nähterin?" fragte ich noch halb in Gedanken.

"Lore! Woher wissen Sie, daß sie Lore heißt?"

"Wir sind aus einer Stadt; ich habe in der Tanzschule meine erste Mazurka mit ihr getanzt."

"So!—Sie soll auch jetzt noch gern mit Studenten tanzen."

Unser Gespräch über Lore war zu Ende; aber ich wußte jetzt, weshalb Christoph nicht hatte reden mögen.

Dennoch sah ich ihn später im Laufe des Winters mehrmals an öffentlichen Orten mit Lore zusammen, meistens in Gesellschaft der lahmen Marie oder einer älteren Person, welche niemand anders als die Erbtante sein konnte, die dem armen Schneider noch so kurz vor seinem Ende das Kleinod seines Herzens entführt hatte.

Eines Abends, es mochte einige Wochen nach Neujahr sein, hörte ich von meinem Zimmer aus einen Tumult auf der Straße. Als ich das Fenster öffnete, bemerkte ich unter dem vorbeiziehenden Haufen hie und da rote Studentenmützen; endlich erkannte ich beim Schein der Straßenlaterne auch einen unsrer Pedelle.

"Was gibt's, Dose?" rief ich hinunter.

"Holz hat's gegeben, Herr Doktor."—Dose nannte mich aus einem nur uns beiden bekannten Grunde allezeit Herr Doktor.

"So? Und wohl wieder auf dem Ballhaus?" fragte ich.

"Nun, wo denn anders?"

Das Ballhaus war ein öffentliches Tanzlokal, wo die altherkömmliche Feindschaft zwischen Studenten und Handwerksgesellen sich zuzeiten Luft zu machen pflegte. Es schien diesmal indessen arg geworden zu sein; denn Dose machte andeutungsweise eine höchst kräftige Bewegung mit der Faust.

"Wer hat's denn gekriegt?" fragte ich noch.

Der Alte hielt die Hand vor den Mund und flüsterte mir zu: "Es ist auf die rechte Stelle gekommen, Herr Doktor." Ein Bekannter, der unser Gespräch hörte, rief im Vorübergehen: "Es ist der Raugraf; die Knoten haben ihm auf Abschlag gezahlt."

Der sogenannte "Raugraf" war ein ebenso schöner als wüster junger Mann, der in den Hörsälen der Professoren selten, dagegen häufig auf der Mensur und regelmäßig auf der Kneipe zu finden war; einer von denen, die auf Universitäten eine Rolle spielen, um dann im späteren Leben spurlos zu verschwinden. Von den jungen Handwerkern, denen er ihre Mädchen abspenstig machte, wurde er ebensosehr gehaßt, wie er für die größere Anzahl der jüngern Studenten der Gegenstand einer scheuen Bewunderung war. Nachdem er eine Reihe andrer Universitäten besucht und, teilweise durch Relegation gezwungen, wieder verlassen hatte, fand er für gut, auch die unsrige zu versuchen, und bald gingen von seinem großen Wechsel und dann von seinen noch größeren Schulden die mannigfaltigsten Gerüchte im Schwange. Der Titel "Raugraf", den er mitbrachte, paßte insofern für ihn, als er an die Zeiten des Faustrechts erinnert und allerdings die Weise der alten Junker, die ja die Schwächeren rücksichtslos für ihre Leidenschaften zu verbrauchen pflegten, sich vollständig auf ihn vererbt zu haben schien.

Da ich den Raugrafen weder genau kannte noch ein Interesse an seiner Person nahm, so schloß ich das Fenster und begab mich zur Ruhe, ohne des Vorfalles weiter zu gedenken.

Am Nachmittage darauf sollte ich indessen aufs neue daran erinnert werden.—Ich hatte eben meinen Kaffee getrunken und saß im Sofa über einer Pandektenkontroverse, als an die Stubentür gepocht wurde.

Auf mein "Herein!" trat die stattliche Gestalt meines Freundes Christoph vorsichtig und etwas zögernd in das Zimmer.

"Bist du allein?" fragte er.

"Wie du siehst, Christoph."

Er schwieg einen Augenblick. "Ich muß fort von hier, Philipp", sagte er dann, "Noch heute abend; weit fort, an den Rhein zu meinem Mutterbruder; er ist schwächlich und braucht einen Gesellen, der nach dem Rechten sehen kann. Aber ich fürchte, meine Barschaft reicht nicht für die Reise, und Fechten, das ist nicht meine Sache."

Ich war schon an mein Pult gegangen und hatte eine kleine Geldsumme auf den Tisch gezählt. "Reicht das, Christoph?"

"Ich danke dir, Philipp." Und er steckte das Geld sorgsam in seine Börse, die schon einen kleinen Schatz am Gold- und Silbermünzen enthielt. Erst jetzt sah ich, daß er in seiner schwarzen Sonntagskleidung vor mir stand.

"Aber du bist ja in vollem Wichs", fragte ich; "wo bist du denn gewesen?"

"Nun", sagte er und rieb sich nachdenklich mit der Hand seine breite Stirn, "ich komme eben von der Polizei!"

"Du hast schon deinen Paß geholt?"

"Jawohl; meinen Laufpaß."

Ich sah ihn fragend an.

"Es ist wegen der dummen Geschichte auf dem Ballhaus."

Mir ging ein Licht auf. "So! Also du bist es gewesen?" sagte ich. Daß mir das nicht sogleich eingefallen ist!"

"Freilich bin ich dort gewesen, Philipp."

"Lenore war wohl mit dir?"

Er nickte.

"Und da hast du den Raugrafen durchgeprügelt?"

Ein Lächeln befriedigten Hasses legte sich um seinen Mund. "Sie sagen ja, daß ich's gewesen sei", erwiderte er.

Der alte Feind der Gymnasiasten sprach dies in solchem Tone der Genugtuung, daß ich über den Sachverhalt nicht mehr zweifelhaft sein konnte.

Ich mußte laut auflachen. "So erzähl mir doch! Wie kam denn die Geschichte?"

"Nun, Philipp—du weißt doch, da ich mit der Lore gehe?"

"Seid ihr denn einig miteinander?"

"Es ist wohl so was", erwiderte er.—"Sie ist eine anstellige Person; und nach dem Tode der alten Tante bekommt sie auch noch eine Kleinigkeit."

Ich sah ihn lächelnd an. "Nun, Christoph, sie ist auch sonst so übel nicht; du hättest so überzeugend sonst auch schwerlich zugeschlagen!"

Er blickte einen Augenblick vor sich hin. "Ich weiß es kaum", sagte er, "wir standen in der Reihe, Lore und ich—es geschah nur ihr zu Gefallen, daß ich hingegangen war—, da kam der lange blasse Kerl, der schon immer auf sie gemustert und dabei mit einem andern getuschelt hatte, und wollte extra mit ihr tanzen."

"War er denn unverschämt gegen deine Dame?"

"Unverschämt?—Sein Gesicht ist unverschämt genug!"

"Und Lore?" sagte ich, meinen Freund scharf fixierend. "Sie hätte wohl gern mit dem schmucken Kavalier getanzt?"

Er zog die Stirnfalten zusammen, und ich sah, wie sich eine trübe Wolke über seinen Augen lagerte.

"Ich weiß es nicht", sagte er leise.—"Es war nicht gut, daß ihr das Mädchen damals in eurer Lateinischen Tanzschule den Notknecht spielen ließet."

Er reichte mir die Hand. "Leb wohl, Philipp", sagte er, "das Geld schicke ich dir; sonst wirst du wohl nicht viel von mir zu hören bekommen; aber um Jahresfrist, so Gott will, bin ich wieder hier, oder bei uns daheim."

Er ging.—Ich suchte vergebens mich wieder in meine unterbrochenen Arbeiten zu vertiefen; eine unbestimmte Sorge um die Zukunft des Jugendgespielen hatte mein Herz beschlichen. Ich wußte nur zu wohl, was seine Worte nicht verraten sollten, daß seine Phantasie von jenem Mädchen ganz erfüllt war und daß alle Kräfte dieses tüchtigen Kopfes darauf hinarbeiteten, sein Leben mit dem ihren zu vereinigen.

Bald darauf ging ich in die Wohnung meiner Hauswirte hinab, bei denen ich damals meinen Mittagstisch hatte. Es mochte etwas frühzeitig sein; denn von den Hausgenossen hatte sich niemand eingestellt; aber in der Nebenstube traf ich die kleine Nähterin, die "lahme Marie", welche stumm und einsam inmitten einer Wolke weißer Stoffe mit der Nadel hantierte.—Da ich sie oft in Gesellschaft der beiden Menschen gesehen hatte, deren Geschick mich jetzt beschäftigte, so erzählte ich ihr den gestrigen Vorfall, in der Hoffnung, über die Ursache desselben Näheres zu erfahren.

"Ich hab' es kommen sehen!" sagte sie, die dünnen Lippen zusammenkneifend; "der Tischler ist wohl sonst ein ganzer Kerl; aber gegen das Mädchen ist er zu gutwillig; was wollte er mit ihr auf dem Ballhaus!"

Ich fragte näher nach.

Sie räumte eine Partie Zeuge von einem Stuhl, damit ich mich setzen könne.—"Sie kennen vielleicht das kleine Haus in der Pfaffengasse", begann sie dann, als ich ihrem Wink gefolgt war; "die alte Schmieden, die Tante von der Lore, hat es vor Jahren von dem Pferdeverleiher nebenan gekauft; aber den Hof dahinter, weil er zu seinem Geschäft doch großen Raum braucht, hat der Verkäufer sich vorbehalten, so daß er mit seinem nun in eins zusammengeht; nur in der Mitte auf einem Stückchen Rasen darf die Alte ihre Waschsachen trocknen und bleichen, soweit es damit reichen will. Sie ist

Geschwisterkind mit meiner seligen Mutter, und seit ich konfirmiert war, bin ich oft mit ihr zum Nähen ausgegangen.

"Ich denk, es war kurz vor Martini vorigen Jahrs; ich machte mich gleich nach Mittag zu der Schmieden; denn wir hatten eine große Seidenwäsche zusammen. Unterwegs begegne ich dem Tischler, der damals schon mit der Lore ging. Wir sprechen ein Wort zusammen, und im Weggehen ruft er mir noch lachend zu: 'Bei Feierabend komm ich und helf euch die Klammern aufsetzen!' Ich sagt's auch der Lore; aber sie schien nicht groß darauf zu achten.

"Spätnachmittags, da wir drinnen fertig waren, gingen wir hinaus, um die Leine zwischen den Pfählen aufzuscheren, die draußen auf dem Grasrondell stehen. Lore, das Kleid über ihren Halbstiefelchen aufgeschürzt, ging mit dem kleinen hölzernen Tritt von einem zum andern. Die Alte hatte sich drinnen in ihren Lehnstuhl schlafen gesetzt; ich—ich bin die Größte nicht und konnte ihr eben nicht viel dabei helfen."

Und die Erzählerin suchte ihren dürftigen Körper möglichst gradezurichten.

"Ich hatte mich neben dem Waschkorb auf einen Prellstein gesetzt und sah mir's an, wie vor dem Stall der Knecht des Nachbars einen Goldfuchs striegelte.—Ich hab' die Pferde gern, wissen Sie, denn mein Vater ist auch ein Fuhrmann gewesen.—Es war gar ein schönes Tier; und wenn es so den Kopf aus dem Schatten in die Sonne hinauswarf, glänzten die Haare wie Metall; aber an dem feinen Beinwerk merkte ich wohl, daß es keines von des Nachbars Mietgäulen sei.—'Wem gehört das Pferd?' fragte ich Lore, die eben ihr Holztreppchen hart neben mir an den letzten Pfahl gerückt hatte.—'Das Pferd?' sagte sie, indem sie sich auf den Fußspitzen hebt und die Leine um das Querholz schlingt; 'das gehört dem fremden Studenten; ich weiß nicht, wie er heißt.' —Ich sah zu ihr hinauf; aber sie wandte nicht den Kopf und wickelte noch immer fort mit der Leine. Als ich eben ungeduldig werden wollte, sagte hinter mir eine Stimme: 'Es ist genug, Fräulein Lorchen!'

"Ich sehe noch, wie sie die Arme sinken läßt und hastig das aufgeschürzte Kleid herunterzupft, und da ich den Kopf wende, steht der blasse vornehme Student vor mir, und Lore, ohne ein Wort zu sagen, springt von ihrem Tritt herunter und stellt sich neben mich. —Der junge Herr steht auch nur und macht scharfe Augen auf die Lore, als wenn er das Anschauen ganz umsonst hätte. Daß dich! dachte ich und fing aufs Geratewohl einen lauten Diskurs über den Goldfuchs an, und red'te so lang, bis ich Antwort hatte, und ehe ich mich's versehen, waren wir alle drei auf den Hof hinübergetreten. Das Pferd scharrte mit den Hufen und sah seinen Herrn mit den klugen Augen an; Lore stand daneben, und recht, als trüge sie Verlangen nach dem Tier, ließ sie ihre flache Hand an dem spiegelblanken Hals herabgleiten. 'Er ist lammfromm', sagte der junge Herr; 'was meinen Sie, Fräulein Lore, drinnen im Stall hängt noch ein Damensattel!'—Sie schüttelte den Kopf; aber ich hörte, wie ihr der Atem versetzte, und ihre Augen blitzten ordentlich vor Lust. Der Herr Graf hatte das wohl auch verstanden; denn auf seinen Wink wurde der Sattel aufgeschnallt und ein leichter Zaum angelegt. Lore sah darauf hin, als wenn ihr die Augen verhext wären. Als aber der Knecht ihr das Holztreppchen zum Aufstieg hinstellte, warf es der junge Herr beiseite. 'Pfui doch, Johann!' rief er; und als wenn sich's nur von selbst verstände, faßte er das junge Mädchen unterm Arm. 'Treten Sie fest!' sagte er und hielt die andre Hand vor sie hin, indem er mit seinen durchdringenden Augen zu ihr aufsah. Und Lore, als müsse sie nur immer tun, wie der es wollte, setzte ihr Füßchen in seine Hand. Ich merkte wohl, er zögerte; aber es war nur ein Augenblick; dann hob er sie mit einem raschen Schwung hinauf.

"Sie sah ganz verwirrt aus und schlug die Augen nieder, als sie droben saß, und ließ sich geduldig den Zaum zwischen den Fingern von ihm zurechtlegen. Der Fuchs schüttelte den Kopf und stieß ein lautes Wiehern aus. Sein Herr strich ihm ein paarmal liebkosend über das seidene Fell; dann legte er die Hand hinter Lore auf den Sattel; mit der andern faßte er den Zaum und führte das Pferd langsam um das Rondell herum.

"Ich muß es selbst sagen, sie machten ein stolzes Paar zusammen, und es hätte wohl keiner gedacht, der sie so gesehen, daß die feine Person nur eine arme Nähterin und eines Schneiders Tochter sei.

"Bald ging es ihr schon nicht rasch genug. Sie warf die Hand empor, das Pferd fing an zu traben, und der junge Herr trat auf das Rondell zurück. Aber er ließ kein Auge von ihr; wie das Pferd lief, so ging er, die Reitpeitsche in der Hand, im Kreise mit umher; als sei es ihm angetan, so flogen seine Blicke an dem Mädchen hin und wider, von ihren schwarzen wehenden Haaren bis zu dem Füßchen, das oben an dem Sattel unter dem Kleide hervorsah. Bald rief er ihr, bald seinem Fuchs ein kurzes Wort hinüber. Das Tier lief immer schneller; es schob und peitschte mit dem Schweife in die Luft. Lenore sah gar nicht darauf hin. Sie saß nur wie angeflogen und lächelte und sah auf den jungen Herrn, grad als wären's seine Augen, die sie auf dem Sattel festhielten.

"So ging es eine Weile. Wenn die Alte herauskäme, dachte ich. Es gäbe ein böses Wetter! Aber sie kam nicht. Da plötzlich schwenkte eine Flucht Tauben mit großem Geklapper über den Hof, und der Fuchs stutzt und macht einen Satz. Ich denk, die Lore stürzt herunter; aber nein, sie hing noch an dem Hals des Pferdes; nur blaß war sie geworden wie der Tod. 'Oho, Virginie!' ruft der Herr, und gleich ist er auch drüben, hat die Lore auf seinen Armen, sieht sie einen Augenblick mit den scharfen Augen an und läßt sie dann sanft zu Boden gleiten.—Ehe ich mich noch besinne, höre ich die Hoftür gehen. Da ist die Alte! denk ich; aber als ich mich umkehre, steht der Tischler vor mir.—Wär's nur die Alte gewesen, ich hätte mich nicht so alteriert; denn ganz wie versteinert sah der Mensch aus. 'Ist denn schon Feierabend, Herr Werner?' ruf ich. Aber er achtet gar nicht darauf. 'Guten Abend, Marie!' sagt er mit ganz heiserer Stimme, und er würgt ordentlich daran, als wenn ihm das Wort im Halse steckenbleiben müßte.—'Wollen wir nicht ins Haus gehen?' sag ich wieder. 'Ich danke', antwortet er; 'ihr habt da schon Gesellschaft.'—Und ohne das Mädchen anzusehen oder eine Silbe an sie zu verlieren, kehrt er sich um und geht durch den großen Torweg der Straße zu.

"Lore stand, ohne sich zu rühren, neben dem schnaubenden Pferde. 'Was wollte der Mensch?' fragte der Graf. 'Es ist ein Landsmann von mir', erwiderte sie leise. 'Es ist Herr Werner', sagte ich, 'der erste Arbeiter in dem großen Möbelmagazin'; denn mich ärgerte das spöttische Gesicht, womit der Herr dem Tischler nachgesehen hatte."

Die Erzählerin hatte eine Arbeit vollendet; sie stand auf und legte die Stoffe zusammen. Nebenan im Wohnzimmer fanden sich die Hausgenossen zum Mittagstisch zusammen.

"Was ist denn daraus geworden?" fragte ich noch.

"Was ist daraus geworden?" wiederholte sie. "Ich habe eine Zeitlang hin und wider geredet; am Ende—der Tischler kann ja doch nicht von ihr lassen, und sie, wenn ihr nicht just der Kopf verrückt ist, weiß auch wohl, was sie an ihm hat. Die schönen vornehmen jungen Herren sind ja nun doch einmal doch für sie gewachsen."

Wir gingen zu Tische. Aber die Geschichte der lahmen Marie lag mir schwer auf dem Herzen.—Lore und Christoph! Ich konnte mir die beiden Menschen nicht zusammen denken.

Bald nach Ostern hatte eine plötzliche Erkrankung meiner Mutter mich nach Hause gerufen. Erst im August, da ich die völlig Genesende mit Ruhe der Sorge meines Vaters und der Heilkraft der milden Lüfte überlassen konnte, kehrte ich auf die Universität zurück. Als ich fortreiste, war auf der weiten Seebucht neben der Stadt noch kaum das Eis verschwunden; nun rauschte über allen Wegen das volle Laub des Sommers.

Es war am Vormittage nach meiner Ankunft; von meinen Bekannten hatte ich noch keinen gesprochen. Ich stand nachdenklich in der Mitte meines einsamen Studentenstübchens; das ausgetrocknete Tintenfaß auf dem Schreibtisch und die bestaubten Bücher sahen mich unbehaglich an; der halb ausgepackte Koffer auf dem Fußboden machte es nicht besser. Aber die Sonne schien durch die Fensterscheiben und lockte mich hinaus, und bald ging ich, wie ich es schon als Knabe liebte, nur mit mir allein, im Schatten der breiten Ulmenallee, welche eine Strecke oberhalb des Wassers am Seestrande entlang führt.

Wie ein düsteres Gewölbe standen die ungeheuern Bäume über mir, während zu beiden Seiten auf Laub und Gräsern und in den Fenstern der hier überall im Grün versteckten Gartenhäuser die helle Morgensonne funkelte; mitunter, wo er durch die Büsche sichtbar wurde, traf auch ein Blitz des Meeresspiegels meine Augen.—Ich ging langsam weiter, die frische Luft mit vollen Zügen atmend; nur einzelne unbekannte Menschen begegneten mir, denn die Stunde des Spazierengehens hatte noch nicht geschlagen.

Allmählich aber hörten die Gärten auf; statt der Ulmen waren es hier schlanke aufstrebende Buchen, die zur Seite standen. Noch eine kurze Strecke, und ich ging in einem kühlen Walde, der zur Linken, eine Anhöhe hinansteigt, während ich nach der andern Seite durch die Bäume auf die See hinabblicken konnte. Vor mir aus dem Dickicht klang der Silberschlag des Buchfinken und der Lockruf der Schwarzamsel; dazwischen wie Musik hörte ich fortwährend das Lispeln der Blätter und drunten zu meinen Füßen das Anrauschen des Wassers. Mir kam plötzlich die Erinnerung an ein halb verfallenes Haus, das hier im Walde liegen mußte. Vor Jahren als Sekundaner war ich einmal mit einem mir verwandten Studenten dort gewesen, den ich von der Schule aus besucht hatte. Es war, so erfuhr ich damals, von einem spekulierenden Schenkwirt gebaut worden; aber die Spekulation mißglückte; es war ihm nicht gelungen, den großen Zug der Gäste in seine Einsamkeit hinauszulocken. Er hatte verkaufen müssen, und der neue Eigentümer ließ derzeit die spärliche Wirtschaft durch einen Kellner verwalten.

Ich entsann mich des langen blassen Menschen sehr wohl, und auch das einstöckige Gebäude, welches zwischen den hohen Buchen etwa auf der Hälfte der Anhöhe lag, stand jetzt mit Deutlichkeit vor meinen Augen. Unter der kleinen Säulenhalle, welche die Mitte der Front einnahm, hatte ich damals mein erstes Glas Grog getrunken; von hier aus waren wir durch eine große Flügeltür in einen hohen düstern Saal getreten, dessen Fenster nach hinten in den Wald hinaussahen. Mich überkam ein Verlangen, den einsamen Ort wieder aufzusuchen; zugleich eine Besorgnis, er möge jetzt verschwunden oder für mich nicht mehr zu finden sein.

Während ich so meinen Gedanken nachhing, bemerkte ich aufblickend einen schmalen Fußweg, der sich links vom Wege zwischen den Bäumen hinaufschlang. Ich stand einen Augenblick; so war es damals auch gewesen; dann stieg ich langsam den Berg hinauf. Nach einiger Zeit sah ich vor mir zwischen den Stämmen ein graues Schieferdach auftauchen, allmählich wurden auch die Kapitäle einer kleinen Säulenhalle und zu jeder Seite derselben der obere Teil eines Fensters sichtbar. Noch ein paar Schritte, und eine breite Steintreppe führt aus dem Baumschatten auf einen kleinen ebenen Platz hinaus.

Da lag es vor mir; mitten im Walde, im stillsten Sonnenschein. Die Zeit schien hier kaum etwas verändert zu haben; wie damals war der ursprünglich rötliche Anwurf der Mauern, wo er nicht abgeblättert an der Erde lag, überall mit grünem Moos bezogen, und aus den Spalten der hölzernen Säulen drängte sich braunes wucherndes Schwammgewächs; auch jetzt noch stand unter der kleinen Halle eine dunkelgrüne Bank zu jeder Seite der halb geöffneten Flügeltür.— Ich setzte mich auf eine derselben und blickte durch die Lücke des Gehölzes auf die See hinab, wo eben ein Fischerboot im Sonnenschein vorüberglitt.—Menschen schienen hier oben nicht zu hausen, es rührte sich nichts; auch hinter mir aus dem Hause vernahm ich keinen Laut; nur eine Waldbiene summte in raschem Fluge vorüber, und an den Grasrändern der Steintreppe gaukelten zwei dunkle Schmetterlinge.

Nach einer Weile stand ich auf und ging in den Saal. Er schien mir noch düsterer fast, als ich ihn mir gedacht hatte; die dicht vor dem Fenster stehenden Bäume schienen ihre Zweige bis über das Dach zu breiten. Ich schlug mit meinem Stock auf einen Tisch, daß es an der hohen Decke widerhallte; aber es kam niemand.—Zur Linken in einem Nebenzimmer, in das ich hineinblickte, stand ein einsames Billard. Aber gegenüber an der andern Seite des Saals war noch eine Tür; ich öffnete sie und gelangte in einen schmalen Gang und durch diesen wiederum ins Freie.—Neben einer Kegelbahn, die dicht am Hause lag, fand ich einen schon älteren Menschen, mit einer grünen Schürze angetan, auf dem Rasen eingeschlafen. In der Tat, es schien auch derselbe Kellner noch von damals!—Als ich ihn mit dem Stock berührte, riß er die Augen auf und sprang empor. "Ich bitte, mein Herr", sagte er, "ich habe wenig Ruhe gehabt die Nacht."

Ich sah ihn verwundert an.

"Sie wissen das nicht?" fuhr er fort, indem er mich von Kopf zu Füßen musterte. "Die Herren Korpsburschen haben ja seit Ostern ihren Kneipabend hierher verlegt."

Ich wußte das in der Tat nicht, obgleich die meisten meiner Bekannten zu dieser Verbindung gehörten.

Während ich einen Krug Bier und eine Schnitte Brot bestellte, waren wir in den Saal zurückgegangen.—Als der Tagesschein durch die geöffnete Tür fiel, wurden auf der Mitte des Fußbodens ein paar dunkle Flecke sichtbar, die mir keinen Zweifel ließen, daß nicht nur die Kneipabende, sondern auch die dazugehörigen "Paukereien" in diese Einsamkeit verlegt waren.—"Weshalb schafft ihr denn das Blut nicht fort?" fragte ich.

"Um Entschuldigung, mein Herr", erwiderte der blasse Kellner, "aber der Fleck kommt immer wieder; es ist von damals, als das Unglück hier passierte.—Es sah sich übel an, als der hitzige junge Herr auf einmal so still und weiß wurde."

Ich entsann mich sogleich jenes Vorfalls, der einer dürftigen Offizierswitwe ihren einzigen Sohn gekostet hatte. Es war bald nach meiner Abreise geschehen und hatte auf kurze Zeit die Teilnahme des ganzen kleinen Landes in Anspruch genommen.

Ich ging in die Halle hinaus und setzte mich auf eine der grünen Bänke, des armen heißblütigen Jungen gedenkend, dessen Leben hier die letzte Spur zurückgelassen hatte.

Nach einer Weile brachte der Kellner das bestellte Frühstück. "Heut abend könnte Sie was Besseres haben", sagte er, indem er Krug und Teller vor mir auf den Tisch stellte. "Wir haben Ball; da schickt der Prinzipal allemal seine Köchin heraus."

"Ball?" fragte ich erstaunt. "Wer tanzt denn hier mitten im Walde?"

"Nun", erwiderte er und blickte fast ein wenig despektierlich auf meine nicht allzu moderne Kleidung, "die vornehmsten Herren Studenten haben das so eingerichtet."

Mir fiel plötzlich eine Stelle aus dem Briefe eines Freundes ein, den ich während meines Aufenthaltes in der Heimat erhalten hatte. "Zum Hexensabbat nennen wir es; und es geht toll genug her!" So lauteten die Worte. Ich wußte jetzt, wovon die Rede war; ich hatte nur den Ort vergessen.

Der Kellner schien übrigens jenen Namen nicht eben gern zu hören. Während ich ihn aber noch damit zu schrauben suchte, waren zwei junge, mir wenig bekannte Studenten den Berg heraufgekommen. Sie warfen sich, ohne von mir Notiz zu nehmen, an der andern Seite der Tür auf die Bank, während sie in scharf akzentuierten Worten und mit einem grimmigen Gesichtsausdruck jeder ein Seidel Bier bestellten. Dann, während der Kellner sich entfernte, kam in abgebrochenen Sätzen, mitunter durch Pfeifen oder lautes Gähnen unterbrochen, eine Unterhaltung über die bevorstehende Tanzfestlichkeit in Gang, die der eine, offenbar ein "Fuchs" von neuestem Datum, erst durch seinen etwas älteren Genossen kennenlernen sollte. Eine nach der andern wurden die Tänzerinnen in knapper, nicht eben zartester Porträtierung vorgeführt; voran die Töchter eines Winkeltanzmeisters und eines trunkanfälligen Polizisten, mit deren Hilfe das Institut begründet war; in ihrem Gefolge eine ganze Reihe freund- und elternloser Mädchen, die während des Tages mit ihrer Hände Arbeit sich ein kärgliches Brot verdienten.

Ich verzehrte indessen schweigend mein Frühstück und fütterte mitunter einen Buchfinken, der furchtlos neben mir auf den Fliesen umherlief und die ihm hingeworfenen Brotkrumen aufpickte.

"Die Gräfin sollst du erste sehen!" begann der ältere meiner beiden Nachbarn wieder, indem er seinen kleinen Schnurrbart drehte.

Der andere tat eine verwunderte Frage.

Sein Freund lachte: "Es ist nur eine Nähterin, Ludwig; aber wenn sie dich so kalt mit ihren schwarzen Augen ansieht!—Sie ist verdammt von oben herab."

"Aber warum nennt ihr sie denn die Gräfin?"

"Nun, siehst du—der Raugraf hat sie."

Ich weiß nicht, weshalb ich bei diesen Worten erschrak. Schon wollte ich nähere Erkundigungen bei dem jungen Renommisten einziehen, als mir einfiel, daß ich bei meinem Fortgehen die lahme Marie in der Hinterstube meiner Hauswirtin gesehen hatte.

Ich machte mich sofort auf den Rückweg; und eine halbe Stunde später stand ich neben ihr und hatte ein Gespräch mit ihr angeknüpft.

"Und Sie haben Lenore seit lange nicht gesehen?" fragte ich.

Sie schwieg einen Augenblick. "Ich gehe nicht mehr mit ihr", sagte sie, indem sie auf ihre Arbeit blickte.

"Sie schienen doch sonst so gute Freunde!"

"Sonst, ja!"—Sie strich ein paarmal mit dem Nagel über die eben angefertigte Naht. "Aber seitdem sie draußen bei den Studenten tanzt—sie wird die längste Zeit bei der alten Tante gewesen sein; und mit dem Testament mag es nun auch wohl anders werden."

Also doch! dachte ich.—Christoph hatte mir das entlehnte Geld schon einige Zeit nach seiner Abreise mit der kurzen Bemerkung zurückgesandt, daß er im Hause seines Oheims eine freundliche Aufnahme, bei den beiden Alten nicht weniger als bei deren schon etwas ältlicher Tochter, und außerdem Arbeit vollauf gefunden habe. Seitdem hatte ich Näheres weder von ihm noch von Lenore gehört.

"Aber wie ist denn das gekommen?" fragte ich nach einer Weile, während die Nähterin emsig gearbeitet hatte.

"Nun!" sagte sie und steckte für einen Augenblick die Nähnadel in das Zeug. "Es war vierzehn Tage vor Pfingsten; die Lore war schon lange unwirsch gewesen; ich dachte erst, weil der Tischler ihr noch immer nicht geschrieben hatte; mitunter aber kam's mir vor, als sei das ganze Verlöbnis ihr leid geworden, und als könne sie in sich selber darüber nicht zurechte kommen. Sie scherte sich auch keinen Deut darum, ob sie mich oder eine von ihren vornehmen Herrschaften mit den kurzen Worten vor den Kopf stieß; am schlimmsten war es aber, wenn sie gegenüber die Musik vom Ballhaus hörte; denn sie hatte dem Tischler doch versprechen müssen, nicht zu Tanze zu gehen. —Eines Abends nun, da wir vor meiner Tür auf der Bank sitzen, kommt mein Schwestersohn, der Schneider, der erst gestern aus der Fremde heim war, mit ein paar andern Gesellen zu uns. Er war den Rhein herabgekommen, hatte auch dort in zwei oder drei Städten, die er namhaft machte, gearbeitet. Die andern fragen; er erzählt.— 'So hast du den Christoph Werner auch gesehen?' sagt der eine.— 'Den Tischler, freilich hab' ich ihn gesehen; der hat sein Glück gemacht.'—'Wie denn?' fragt der andre.— 'Wie denn? Er heiratet die Meisterstochter; und sie hat—du verstehst mich!' Er machte wie Geldzählen mit den Fingern. Mir wurde himmelangst bei diesen Reden. 'Du bist nicht gescheit, Junge', sag ich, 'was schwatzest du da ins Gelag hinein!'—'Oho, Tante, gescheit genug!' ruft er, 'bin ich doch dabeigestanden, daß er die Bretter zu seinem Hochzeitsbett gehobelt hat!'— Lore, auf dieses Wort, ohne einen Laut zu geben, steht sie von der Bank auf, nimmt ihren Hut und geht, ohne sich umzusehen, die Straße hinab. 'Was fehlt der?' fragt mein Schwestersohn noch.—'Ich weiß nicht, Dietrich.'— Und ich wußte es auch wirklich nicht. Es war nicht gar so heiß gewesen zwischen ihr und dem Tischler; denn er war ihr lange nachgegangen, und sie hatte sich zweimal bedacht, bevor sie ja gesagt; und wenn ich's auch schon wußte mit dem vornehmen jungen Herrn, dem Studenten, so dachte ich doch nicht, daß er ihr so ganz ihren eigensinnigen Kopf verrückt hatte.

"Noch eine Weile saß ich bei den andern und hörte, was der Junge, der Schneider, zu erzählen wußte; aber ich hörte nur halbwegs, und bald litt es mich nicht länger; denn ich sorgte doch um sie.

"So ging ich denn hinterher und traf sie, wie ich es mir auch gedacht hatte, drunten im Haus der Tante, wo sie in einem Hinterkämmerchen ihre Menage hatte. Da stand sie mitten im Zimmer kreideweiß und nagte sich auf den Lippen, daß ihr das Blut übers Kinn lief; alle ihre Schubfächer und Schachteln hatte sie aufgerissen, und Tüll und Bänder lagen um sie her gestreut auf dem Fußboden. 'Lore', rief ich, 'was machst du, Lore?' Aber sie schien nicht auf mich zu hören.—'Ist Sonntag Tanz im Ballhaus?' fragte sie.—'Im Ballhaus? Was geht das dich an?'—'Ich will mittanzen!'—'Du? Was würde dein Schatz wohl dazu sagen?'—'Was geht mich mein Schatz an!'—Sie hatte währenddes ihren Hut aufgesetzt und ihr Umschlagetuch von der Kommode genommen; dann schloß sie ein Kästchen auf, worin sie ihr Erspartes hineinzulegen pflegte—denn wenn sie auch manchen Schilling für Putz vertat, so war sie doch stolz und hatte immer nicht so nackt und bloß zu ihrem Bräutigam kommen wollen. Nun riß sie das Papier, worin es eingewickelt war, herunter und ließ das lose Geld in ihre Tasche fallen. 'Willst du mit?' fragte sie. 'Ich muß Einkäufe machen.'—Ich wußte nicht, was sie wollte; aber sie dauerte mich, und so ging ich mit ihr; denn ich hoffte noch, das mit dem Tanzen ihr wieder auszureden. Aber es waren leere Worte; denn sie ging hastig neben mir die Straße hinab und antwortete nicht und sah nicht nach mir hin.

"Als wir bei dem Schnittwarenhändler am Markte vor dem Ladentisch standen, ließ sie sich die dicksten seidenen Bänder und die modernsten Jakonetts vorlegen, wie sie deren sonst wohl nur zuzeiten für die Vornehmsten in der Stadt verarbeitet hatte. Sie suchte dazwischen umher und warf es durcheinander. Der Ladendiener legte noch eine Ware vor. 'Wenn es der Dame, die das Kleid bestellt hat, auf den Preis nicht ankommt!' sagte er und streckte die Hand unter den klaren, durchsichtigen Stoff. 'Nein', sagte Lore, 'es kommt ihr auf den Preis nicht an.'—Ich stieß sie heimlich an; denn ich verstand es nun wohl, daß sie die kostbaren Zeuge für sich selber wollte. 'Lore', sagte ich leise, 'ich bitte dich, besinne dich doch, was willst du mit den feinen Sachen?' —Aber sie kehrte sich nicht daran, sie ließ den Ladendiener abschneiden und zählte das schöne harte Geld auf den Tisch, als wenn sie nicht mehr wüßte, wie viele Tage sie sich sauer darum hatte tun müssen. 'So laß doch', sagte sie, als ich ihren Arm zurückhielt; 'ich will auch einmal fein sein; ich bin nicht häßlicher als die Schönste hier!'—

"Dann ist sie nach Haus gegangen und hat die ganze Nacht und den folgenden Tag gesessen und mit der heißen Nadel genäht, bis das teure Kleid fertig gewesen ist.

"Am Sonntag darauf," fuhr die Erzählerin fort, nachdem sie zuvor einen neuen Faden durch die Nadel gezogen hatte, "abends, da es schon spät gewesen ist, hat sie sich von den weißen Maililien in ihr schwarzes Haar gesteckt und ist dann aufs Ballhaus gegangen.

"Ich hab' das alles nur von meinem Schwestersohn," setzte sie hinzu, "das ist auch einer, der keinen Tanz verpassen kann.—Sie hat erst lange gesessen; denn die jungen Handwerksleute haben sich gar nicht an sie getraut, und die Studenten hat sie selber einen nach dem andern abgewiesen; es hätte nahezu wieder einen Aufruhr um sie gegeben. Der blasse Student, wie heißen sie ihn gleich?"—

"Der Raugraf!" sagte ich.

"Freilich, der ist auch da gewesen, aber er hat sich wie gar nicht um sie gekümmert. Zuletzt hat er doch kommen müssen; denn zu schön hat sie ausgesehen; als wenn sie aus dem Morgenland gekommen wäre, haben sie gesagt. Sie ist blutrot geworden, als er zu ihrem Platz getreten ist, und hat am ganzen Leibe gezittert. Aber nun ist sie aufgestanden und hat ihm die Hand gegeben, und er hat sie angesehen, sagt mein Schwestersohn, als wenn er sie hat verzehren sollen. Sie hat auch mit keinem sonst getanzt; denn bis die Musikanten ihre Geigen eingepackt haben, sind die beiden miteinander nicht wieder von der Diele gekommen."

Die lahme Marie schwieg; nur "Ja, ja!" sagte sie noch einmal, wie in Gedanken die Moral aus ihrer Erzählung ziehend; dann setzte sie eifriger als zuvor ihre Arbeit fort.

Ich wußte genug und beschloß, um nun auch mit eignen Augen zu sehen, mich heute abend selbst auf den "Hexensabbat" zu begeben.

Draußen im Walde

Es war schon dunkel; eine schwüle Luft lag über dem Walde, während ich die Anhöhe hinauf den Weg durch die Baumstämme zu finden suchte.

Als ich die Steintreppe erstiegen hatte, blieb ich unwillkürlich stehen. Neben mir sah ich ein paar weiße Mädchengestalten durch die Bäume schlüpfen und dann seitwärts im Hause verschwinden. Es schien eben eine Tanzpause zu sein; ich hörte drinnen in dem hellerleuchteten Saal die Musikanten ihre Geigen stimmen; an den offenen Flügeltüren vorbei trieben Studenten und Mädchen in lebhaftem Verkehr vorüber. Ich konnte mich nicht überwinden, sogleich hineinzugehen; vor meinem innern Auge stand die liebliche Kindesgestalt des Mädchens; ich sah sie wieder an dem Halse ihres armen Vaters hangen; ich dachte daran, wie sie so hartnäckig meiner knabenhaften Leidenschaft ausgewichen war. Ein plötzlicher Schmerz kämpfte in meiner Brust; ich weiß kaum, war es Mitleid oder Eifersucht.

Endlich stieg ich die beiden Stufen der kleinen Halle hinan und stellte mich unbemerkt an den Pfosten der offenen Tür. Die Pause dauerte noch fort; aber es schien darum nicht weniger lebendig; die Studenten, die an den Seitentischen oder im Nebenzimmer saßen, redeten und klappten mit ihren Seideln, die Mädchen trieben sich lachend und plaudernd auf und ab; mitunter fuhr ein übermütiger Schrei durch den Saal.

Es waren anmutige Gesichter unter diesen Mädchen; jugendliche Gestalten mit großen leidenschaftlichen Augen, die durch den Ausdruck sorglosen Lebensgenusses oder einen vorüberwandelnden Zug von Leid nicht weniger anziehend wurden. Trotz ihrer Armut waren sie alle sauber gekleidet, in hellen, durchsichtigen Stoffen, eine Blume oder einen frischen Kranz in dem sorgfältig geflochtenen Haar.

Dies hatte indessen bei ihren Tänzern nicht eine gleiche Rücksicht zu bewirken vermocht; denn namentlich die Jüngeren und einige der sogenannten "Haupthähne" der Verbindung scheuten sich nicht, in Gegenwart ihrer Damen die Beine behaglich über Tisch und Bänke auszustrecken.

Meine Augen suchten Lore, und sie brauchten nicht lange zu suchen. Sie saß dem Billardzimmer gegenüber zwischen einem Paar jüngerer Mädchen, die lebhaft zu ihr sprachen, während sie teilnahmslos vor sich hinblickte.

Im Haar trug sie eine weiße Rose, eine Seltenheit in dieser Jahreszeit; aber auf ihrem Antlitz war die Rosenzeit vorüber; kein Rot schimmerte mehr durch diese zarten, blassen Wangen.

Auch den Raugrafen sah ich; er saß mit übergeschlagenen Beinen, wie ermüdet, an der andern Seite des Saales.—Ich stand in seiner Nähe. Als die Musikanten ihre Instrumente zur Hand nahmen, trat einer der jüngeren Studenten zu ihm. "Laß mir die Lore für diesen Tanz!" sagte er schüchtern.

"Ein andermal, Fuchs!" erwiderte der Raugraf und lehnte seinen schönen, aber bleichen Kopf zurück gegen die Wand. Die Musik setzte ein; allein er stand nicht auf, um seine Tänzerin zu holen; er hob lässig die Hand und machte gegen sie hin ein Zeichen mit den Fingern. Ich sah, wie sie einen zornigen Blick zu ihm hinwarf und dann, ohne aufzustehen, ihre Augen in die aufgestützte Hand begrub. Der Raugraf faltete die Stirn, und nach einer Weile sprang er auf und schritt durch den Saal, bis er vor ihr stand.—Als sie auch jetzt nicht aufblickte, legte er den Arm um sie und zog sie mit einer raschen Bewegung zu sich empor. Er schien einige Worte mit Heftigkeit hervorzustoßen; ich war indes zu weit entfernt, um etwas davon verstehen zu können. Dann trat er mit ihr an die Spitze der übrigen Paare und eröffnete den Tanz.

Sie war eine voll ausgewachsene Mädchengestalt, aber gleichwohl reichte sie ihm nur bis an die Brust. Ich sah ihnen lange nach; sie hatte den Kopf in den Nacken fallen lassen, während sie fast von seinem Arm getragen wurde und nur mit den Fußspitzen den Boden berührte; er neigte sich über sie, und seine Augen lagen unbeweglich wie die eines jungen Raubvogels auf ihrem Antlitz, das sie mit geschlossenen Lidern ihm entgegenhielt. Als der Tanz zu Ende war, führte er sie an ihren Platz und ließ sie leicht aus seinen Armen auf den Stuhl gleiten.

Die Pause dauerte indes nicht lange. Bald entstand eine Unruhe im ganzen Saal; die Musik setzte in rasendem Tempo ein, und die Paare reihten sich stürmisch aneinander.

Der Tanz begann aufs neue, Gelächter und ausgelassene Rufe flogen durch die Runde; immer wilder sah ich die kleinen leichtfertigen Füßchen über die dunkeln Flecke des Fußbodens gleiten. Endlich kam es zu einer Tour, durch deren ungestüme Ausführung die ganze Reihe der armen Kinder unausbleiblich zu Fall gebracht wurde.

Dann wie auf einen Wink schwieg die Musik, und während ihre Tänzer lachend über sie hinwegsprangen, standen sie mit heißen Gesichtern auf und strichen sich das Haar aus der Stirn oder suchten den Staub von ihrem mühsam erarbeiteten Ballstaat abzuschlagen.—Ich weiß nicht, war es noch ein Rest von dem Zerstörungstriebe des Kindes, oder war es der allen Menschen innewohnende Drang, sich gegen das aufzulehnen, dessen Einfluß man sich nicht entziehen kann—es schien, als wenn die akademische Jugend sich in übermütiger Herabwürdigung des Weibes gar nicht genugtun konnte.

Lore, die ich nicht außer acht gelassen, saß einsam auf demselben Platze, wohin sie von dem Raugrafen geführt worden war. Sie schien es sich erzwungen zu haben, daß zu jenem Tanze niemand sie auch nur aufgefordert hatte.

Während bald darauf, vielleicht des Kontrastes halber, ein Kontertanz mit aller Feierlichkeit ausgeführt wurde, ging ich mit einem Bekannten in das Seitenzimmer. Wir trafen mehrere ältere Studenten, und bald waren wir, unsre Bierseidel vor uns, in ein alle gleicherweise interessierendes Gespräch über die Eventualitäten des bevorstehenden Examens vertieft.

Als nebenan die Musik absetzte, kamen noch einige der Tanzpaare zu uns an den Tisch; der Raugraf mit Lore war auch darunter.—Sie setzte sich neben ihn, während er die Speisekarte musterte, und bald hatte der Kellner einige Schüsseln und eine Flasche Champagner vor den beiden hingestellt. Der Kork wurde behutsam abgenommen— der Raugraf ließ niemals einen Champagnerpfropfen knallen—, und der schäumende Wein floß in die Gläser. Die andern Mädchen, denen ein einfacheres Mahl serviert war, stießen ihre Tänzer heimlich mit den Ellenbogen; und auch meine Aufmerksamkeit war bald ausschließlich auf dieses Paar gerichtet.—Lore hatte ihr blasses Gesicht in die eine Hand gestützt, während die andre wie vergessen an dem Fuß des vollen Glases ruhte; der Raugraf beschäftigte sich behaglich mit seinem Lerchensalmi und schlürfte schweigend seinen Wein dazu. "Willst du nicht essen, Lore?" fragte er endlich.

Sie schüttelte den Kopf.

Er sah sie einen Augenblick an. "Du willst nicht?—Nun", setzte er ruhig hinzu, "deine Sache!" Dann schenkte er sich ein und setzte seine Mahlzeit fort.

Das Mädchen hatte indessen ihr Glas an die Lippen geführt und es mit einem durstigen Zug hinabgetrunken. Ohne den Kopf zu erheben, der noch immer müde in ihrer Hand ruhte, nahm sie die Flasche und hielt sie schwebend über dem leeren Glase, so daß der Wein langsam hineinfloß und nur allmählich schäumend in dem Kelch aufstieg. Ihre Augen blickten mit einem Ausdruck von Trostlosigkeit darauf, als sehe sie ihr Leben aus der Flasche rinnen. Sie achtete auch nicht darauf, als der Schaum aus dem Glase auf den Tisch und von diesem auf den Boden floß; nur ihre andre Hand schien sich immer fester in das schwarze seidige Haar hineinzuwühlen.

"Schöne Dame", flüsterte ein hübscher milchbärtiger Junge, während er wie bettelnd ihr sein leeres Glas entgegenhielt, "einen Tropfen von Eurem Überfluß!"

Lore blickte nicht auf; aber ich sah, wie es flüchtig um ihre Lippen zuckte.

"Was denn, Fuchs, was hast du?" fragte einer von den Alten, der sich bisher nur mit seinem Glase beschäftigt hatte. "Oho, Stoffvergeudung!" rief er plötzlich und legte seine Hand auf den Arm des Mädchens.

Der Raugraf war nur ein wenig zur Seite gerückt, als der Wein neben ihm auf den Boden tropfte. "Laß sie", sagte er, "es ist ihre Natur so.—Nicht wahr, Lore", setzte er hinzu, indem er sich lächelnd zu ihr wandte, "wir beide, wir verstehen uns aufs Vergeuden!"

Sie setzte die Flasche auf den Tisch und warf ihm einen Blick voll unergründlichen Hasses zu. Dann stand sie auf und ging nach der Tür, die in den Saal führte. Aber er war zugleich mit ihr aufgesprungen. Ein Ausdruck verbissenen Jähzorns entstellte die schönen regelmäßigen Gesichtszüge. "Was fällt dir ein!" flüsterte er und packte mit Heftigkeit ihren Arm. Sie blieb stehen, ohne daß sie Miene machte, sich von seiner Hand zu lösen; nur ihre dunkeln glänzenden Augen blickten ihn fragend und verachtend an. Eine Weile ertrug er es; dann zog er die Hand zurück, und indem er ein kurzes Lachen ausstieß, trat er wieder an den Tisch und schenkte langsam die Neige aus der Flasche.—Lore sah ich durch die Saaltür zwischen den Tanzenden verschwinden.

Mir quoll das Herz; ich hatte aus der Ecke, wo ich saß, alles genau beobachtet. Nach einer Weile machte ich mich los und trat in den Saal, um sie zu suchen.

Sie war nicht unter den Tanzenden; als ich mich aber zwischen den walzenden Paaren durchgedrängt hatte, sah ich sie in einer Fensternische stehen und scheinbar regungslos in das Gewühl hineinstarren; sie war fast so blaß wie die weiße Rose in ihrem Haar.

"Sie erinnern sich meiner wohl nicht mehr?" fragte ich, indem ich auf sie zutrat.

Eine tiefe Röte überflog auf einen Augenblick ihr Antlitz. "O doch!" sagte sie leise.

"Wollen wir tanzen, Lore?"

Sie senkte, während sie mir die Hand reichte, den Kopf so tief, daß ich ihre Augen nicht zu sehen vermochte; aber ich sah, wie ihre kleinen weißen Zähne sich tief in ihre Lippe gruben.

So tanzten wir denn zusammen; nur ein paar Runden; denn auch sie mochte fühlen, daß es mir nicht ums Tanzen war. Bald standen wir nebeneinander vor der großen Ausgangstür, deren beide Flügel weit geöffnet waren. Ich blickte unwillkürlich hinaus; es war sehr finster, nur die Stämme der nächsten Buchen waren von dem herausfallenden Schein beleuchtet. Aber ein Strom bewegter Nachtluft trieb erfrischend gegen uns heran, und während von der einen Seite das Kreischen der Geigen und das Scharren der Tanzenden an mein Ohr schlug, vernahm ich zugleich von draußen das traumhafte Rieseln in den Laubkronen des Waldes.

Das Mädchen stand neben mir, ohne zu sprechen, die Augen zu Boden geschlagen.—Ich faßte mir ein Herz. "Wie mag es Christoph gehen?" fragte ich.

Sie fuhr zusammen und murmelte etwas, das ich nicht verstand; aber auf ihren blassen Wangen wurden zwei dunkelrote Flecken sichtbar.

"Was würde er sagen", fuhr ich fort, "wenn er hier wäre!"

Ich sah, wie sie nach Atem rang und wie ihre herabhängende Hand krampfhaft an dem Kleide fingerte. "O bitte", stieß sie leise hervor, "nicht hier, nur nicht hier!"

"Wo denn? Wollen Sie mich hören, Lore?"

Sie blickte zu mir auf. "Draußen", sagte sie leise, "ich werde gleich herauskommen; lassen Sie uns abtreten nach dieser Runde!— Ich habe Sie schon bitten wollen, als ich Sie vorhin im Nebenzimmer sitzen sah."

Wir tanzten noch einmal; dann führte ich sie zu Platz und trat durch die Tür in den kleinen Säulengang hinaus.—Es donnerte in der Ferne, und als ich die beiden Stufen ins Freie hinabstieg, wetterleuchtete es, daß ich auf einen Augenblick die einzelnen Baumstämme bis an die See hinab und drunten das Blinken des Wasserspiegels unterscheiden konnte.

Ich ging um das Haus herum bis an die Kegelbahn und wartete dort. Nicht lange, so sah ich auch den Schimmer eines weißen Kleides, ich hörte den leichten Schritt des Mädchens, und gleich darauf stand sie selbst tief aufatmend vor mir.—So war ich denn endlich wieder mit ihr allein, im Dunkel, in der Sommernacht; aber es waren andre Zeiten. Ehe ich sie anzureden vermochte, hatte sie ein Papier aus der Tasche gezogen, der Schein eines Blitzes fuhr darüber, und ich erkannte Poststempel und Siegel des Briefes. "Es ist von Christoph", sagte Lore, indem sie das Papier in meine Hand legte, die ich unwillkürlich danach ausgestreckt hatte.

"Von Christoph!" rief ich. "Wann haben Sie den Brief erhalten?"

"Heute!" erwiderte sie leise.

"Und Sie sind doch hierhergekommen?"

Sie schwieg.

"Darf ich den Brief lesen, Lenore?"

"Ich habe Sie darum bitten wollen."

Ich ging an eines der erleuchteten Saalfenster in der hintern Front des Hauses.—Lenore war mir langsam gefolgt, und ich fühlte, wie während des Lesens ihre Augen unablässig auf mich gerichtet waren.

Es war ein langer Brief; Christoph gab von seinem Schweigen Rechenschaft. Er hatte das Geschäft seines Oheims übernommen; aber die Verhältnisse waren lange in der Schwebe gewesen, da alles von einer Verheiratung der Tochter mit einem wohlhabenden Schornsteinfegermeister abgehangen; schon sei er, da eben ein neugieriger Schneider aus der Heimat ihn besucht habe, mit dem Geräte zu ihrer Hochzeitskammer beschäftigt gewesen, als die ganze Sache noch einmal in Frage gestellt worden sei. Jetzt aber war endlich alles geordnet, die Tochter hatte Hochzeit gemacht, und er selbst sollte in den nächsten Tagen das Meisterrecht in der fremden Stadt erwerben. Dann lud er sie ein, zu kommen, da er nicht fort könne, um sie zu holen. "Sobald ich deine Antwort habe", das waren die letzten Worte des Briefes, "schicke ich dir das Reisegeld; es liegt schon abgezählt und eingesiegelt. Das Haus wirst du leicht erkennen; neben der grünen Bank, die vor der Tür ist, steht eine Linde, wie daheim vor deinem Elternhaus; eine Kammer, die ich selber für die jungen Meistersleute hergerichtet habe, ist ganz davon beschattet."—

Ich hatte den Brief zusammengefaltet und reichte ihn zurück. Aber Lore schüttelte den Kopf. "Schreiben Sie ihm, Herr Philipp!" sagte sie, während eine Träne nach der andern über ihre Wangen tropfte, und leise und mühsam setzte sie hinzu: "Er hat es gut gemeint."

"Und Sie wollen nicht selber kommen?" fragte ich.

Sie sah mich an, mit einem Blick so voll von flehender Verzweiflung, daß ich bereute, diese Frage an sie getan zu haben. "Lore", sagte ich, "kann denn niemand helfen?"

Sie senkte den Kopf, indem sie mit der Stirn an eine Fensterscheibe lehnte; die weiße Rose lag noch immer duftend auf dem glänzend schwarzen Haar. "Er war, da er noch lebte, nur ein armer törichter Mann", sagte sie, und ihre Stimme brach fast in verhaltenem Schluchzen, "aber er war doch mein Vater, und es hat mich sonst doch keiner so geliebt—er würde mich auch jetzt noch nicht verstoßen."

Als sie das gesagt hatte, schwiegen wir beide; nur hatte ich, ohne daß ich es wußte, ihre beiden Hände ergriffen, und sie ließ sie mir. —Da hörte ich von der andern Seite des Hauses, von der Halle her, die Stimme des Raugrafen ihren Namen rufen.

Sie fuhr zusammen. "Lore", sagte ich, "können Sie denn nicht los von jenem Menschen?"

Ihre Augen blickten mich groß und traurig an. "O doch!" sagte sie leise, und mir war, als sähe ich ein Lächeln um ihren Mund, aber ein Lächeln wie in verhüllter Arglist.—Indem wurde noch einmal und mehr in unsrer Nähe gerufen.

Sie trocknete hastig ihre Augen. "Leb wohl, Philipp, leb wohl!" flüsterte sie. Ich empfand den Druck der beiden kleinen Hände; dann war sie fort.

Wie lange ich noch unter den Bäumen auf und ab gegangen, weiß ich nicht. Ich kam erst wieder zu Bewußtsein der Dinge um mich her, als drinnen im Saale plötzlich die Tanzmusik aufhörte und ich statt dessen das Schreien der großen Eulen vernahm, die tiefer im Walde ihr Wesen trieben.

Als ich dann, um über die Steintreppe zu dem Fußweg zu gelangen, an der vordern Front des Hauses vorüberging, sah ich Lore noch einmal. Sie stand unter der Halle, den Arm um eine der Säulen geschlungen, und blickte durch die Bäume auf den See hinab, wo eben ein Wetterschein blendend über das Wasser leuchtete.

Am Strande

Ich hatte lange schlaflos auf einem Kissen gelegen, an einem Plane sinnend, wie ich Lore mit Hilfe meiner Mutter einen andern Zufluchtsort eröffnen möchte und, was vielleicht das schwierigste sei, wie ich sie überreden könne, einen solchen anzunehmen.

Als ich am andern Morgen spät erwachte, stand Fritz Bürgermeister, wie wir ihn als Knaben zu nennen pflegten, vor meinem Bett und lachte mich mit seinen treuen Augen an.—Bald saßen wir nebeneinander im Sofa, und Fritz hatte vollauf von gemeinschaftlichen Freunden zu erzählen, die er in Heidelberg zurückgelassen. Aber ich hörte nur mit halbem Ohr; meine Gedanken waren bei dem Erlebnis der vergangenen Nacht.

Einige Zeit nachher, als wir auf meinen Vorschlag das Haus verlassen und am Strande entlang in der schattigen Ulmenallee nebeneinander gingen, entlastete ich mein Herz und berichtete ihm alles, was ich über Lore und mit ihr selbst erfahren hatte. Fritz hörte schweigend zu, nur mitunter murmelte er halblaut einen derben Fluch, indem er die im Wege liegenden Steine mit dem Fuße fortstieß, oder er führte einen Hieb in die Luft, als hätte er einen Schläger in der Faust.

Es blieb auch nicht bei diesem Zeichen; acht Tage später stand er dem Raugrafen auf der Mensur gegenüber. Aber der Raugraf schlug eine gefährliche Terz, und Fritz erhielt einen "Schmiß", dessen Narbe noch jetzt, wenn der Zorn ihm aufsteigt, wie ein roter Blitz über seine Stirn flammt.—

Als wir aus der Allee in den Wald gekommen waren und fast die Stelle erreicht hatten, wo der Fußweg die Anhöhe nach dem Tanzhause hinaufgeht, sahen wir auf der andern Seite jenseits der Bäume mehrere Menschen auf dem Strande. Sie standen dicht am Wasser und schienen damit beschäftigt, etwas, das man nicht unterscheiden konnte, auf den Boden niederzulegen. In demselben Augenblick kam auch ein Mann in Fischerkleidung in den Weg hinauf. "Was gibt's da unten?" fragte ich im Vorübergehen.

"Nichts Gutes, Herr!" war die Antwort. "Ein junges Frauenzimmer ist verunglückt."

"Lore!" rief ich und ergriff unwillkürlich die Hand meines Freundes.

Er stieß einen Laut des Schreckens aus. "Was redst du nur!" sagte er abwehrend.

Gleichwohl stiegen wir in stummem Einverständnis durch die Bäume an den Strand hinab. Ich hörte währenddes die Leute drunten miteinander reden. "Was der gefehlt haben mag?" sagte eine rauhe Stimme. "Es muß doch eine von den vornehmen Fräuleins sein!—Und in vollem Staat ins Wasser gegangen." Dann wurde es wieder still; nur die Wellen rauschten in der Morgenluft.

Als wir zwischen den Bäumen heraustraten, wurde ich fast vom Sonnenschein geblendet, der in vollstem Glanze vor uns über die weite Meeresbucht gebreitet war.—Und in diesem Sonnenglanze lag auch sie; die Fischer traten bei unsrer Annäherung zur Seite, und wir konnten sie ungestört betrachten. Es war kein Zweifel mehr. Das bleiche Gesichtchen ruhte auf dem Ufersande; die kleinen tanzenden Füße ragten jetzt regungslos unter dem Kleide hervor; Seetang und Muscheln hingen in den schwarzen triefenden Haaren. Die weiße Rose war fort; sie mochte ins Meer hinausgeschwommen sein.

Viele Jahre sind seit jenem Morgen vergangen.—Auf dem Kirchhofe der Universitätsstadt, abseits im hohen Grase, liegt eine weiße Marmortafel: "Lenore Beauregard" steht darauf.—Drei Heimatsgenossen, in verschiedenen Teilen des deutschen Landes lebend, haben sie gestiftet.